Eva Reimann

Zu Hause im weiten Land Ostpreußen

Erzählungen von gestern und heute

Husum

Umschlagbild: Kurenkahn auf dem Kurischen Haff (Foto: Eva Reimann)

Die Deutsche Bibliothek – CIP-Einheitsaufnahme

Reimann, Eva:
Zu Hause im weiten Land Ostpreussen : Erzählungen von
gestern und heute / Eva Reimann. – Husum : Husum, 1996
   (Husum-Taschenbuch)
   ISBN 3-88042-733-X

© 1996 by Husum Druck- und Verlagsgesellschaft mbH u. Co. KG,
   Husum

Satz: Fotosatz Husum GmbH
Druck und Verarbeitung: Husum Druck- und Verlagsgesellschaft
Postfach 1480, D-25804 Husum

ISBN 3-88042-733-X

. . . immer wirst du erinnern
sein Lied . . .

Ostpreußische Seenlandschaft

Des Sprossers Lied

Es fällt in die Stille
durch grünhelles Laub.
Der Sprosser singt
im Waldhang am See.
Es steht im
schattigen Uferwald
es steigt
fällt dir ins Herz.

Als hätte es keinen
Abschied gegeben
nicht Warten
und diese Wiederkehr
Erinnern und Gehn.
Des Sprossers Lied
im Steigen und Fallen
ein Bogen über der Zeit.

Später, in anderen Sommern
wenn die Nachtigall singt
die Schwester im Westen
immer wirst du erinnern
sein Lied. Herbsüß tönt's
im Seewald im Osten.

Tante Friedchen und Jonas

Es ist noch eine alte, schmale Straße, die aus dem kleinen Heidedorf hinausführt. Als sie verbreitert wurde, hat man nur den Sommerweg miteinbezogen, durch dessen Sand einst die Pferdefuhrwerke ihre Spur zogen. So blieben auch die großen alten Birken erhalten, die ihr Blättergold im Herbst vom Wind hin- und herschwenken lassen oder im Frühling das zarte Maiengrün.

An dieser Straße, am Ausgang des Dorfes, ja, noch etwas abgelegen von ihm, steht ein altes Fachwerkhaus mit heruntergezogenem Reetdach. Das ist der alte Lünzmannhof mit „Ausschank", wie es lange Zeit auf dem Schild mit den verschnörkelten Buchstaben über der Eingangstüre zu lesen war. Da kehrten die Bauern ein, wenn ihnen die Kehle gar zu sehr ausgetrocknet war, nach einem heißen Tag bei der Heu- oder Kornernte.

Inzwischen hat sich da manches geändert. Besonders, seit der alte Lünzmannbauer „dot bleeven is", wie die Leute hier sagen. Und das ist auch der Grund, warum sich in letzter Zeit in dieser stillen Gegend Autotypen sehen lassen, von denen die Jugend im Ort bisher nur träumte, die sie nur vom Fernsehen her kannten. Über der Eingangstüre hängt jetzt eine große rote Laterne. Und wer nicht allzuweit von einer Hafenstadt entfernt wohnt, der weiß, wen eine solche Laterne anlocken soll.

Aber da gibt es ganz in der Nähe noch ein Haus. Es ist mehr eine aus- und umgebaute Baracke, die sich zum kleinen Häuschen gemausert hat. Das Häuschen liegt gerade gegenüber, doch etwas versteckt am nahen Buschwald. Da wohnt Frieda Perkun, doch alle im Dorf sagen Tante Friedchen, mit Jonas. Es gibt wohl kaum ein Haus, in dem Tante Friedchen nicht schon einmal ausgeholfen hat. Sei es in den Nachkriegsjahren bei der Ernte oder später bei den Hochzeiten und Trauerfeiern. Jetzt, da ihr Rücken von den Jahren müde geworden, wird sie gerne als Omchen zum Kinderhüten geholt. Darum gab es über die Begebenheit, die ich erzählen will, auch keine Schadenfreude, sondern nur ein herzhaftes Auflachen, das wie eine Welle durch die Häuser ging.

Und da ist noch der Jonas, der bei ihr lebt. Jonas ist nicht ihr Sohn, nicht einmal mit ihr verwandt. Sie hat ihn mitgebracht, damals, als sie bei Kriegsende, so müde und erschöpft wie ihr mageres Pferd vor dem Treckwagen, hier ankam.

Es war auf dem endlosen Zug durch die verschneiten Straßen und rauchenden Trümmerdörfer in der Heimat gewesen. Sie hörten den Geschützdonner und konnten ganz in der Nähe die deutschen und russischen Maschinengewehre voneinander unterscheiden, weil die russischen etwas langsamer im Takt waren. Dazu war das Geknatter der Tiefflieger gekommen, die den Elendszug der Flüchtenden beschossen. Jonas war vorgelaufen, wie es die Kinder auf diesem langen Weg so taten. So kam er erst dazu, als die Männer den zerschossenen Wagen mit der Mutter und dem Bruder schon beiseite geräumt hatten. Da hatte Frieda Perkun Jonas auf ihren Wagen gezogen.

Jonas war damals dreizehn Jahre alt und sie eine junge tatkräftige Frau. Er wurde zu ihrem Jung', besonders, als sie Gewißheit hatte, daß ihr Mann nicht aus dem Krieg zurückkehren würde. Jonas mußte dann hier ja nicht mehr lange zur Schule gehen. Weil sie nicht wollte, daß er bei den Bauern als Knecht hängen blieb, schließlich kamen sie ja beide vom eigenen Hof, hatte sie alles darangesetzt, ihm die Lehrstelle beim Zimmermann zu beschaffen. Das kam ihnen zugute, als sie die Bauteile für die Baracke erwerben konnten, weil im Nachbarort das Arbeitsdienstlager der Maiden abgerissen wurde. Wie hatten sie sich damals über das eigene Heim gefreut. Wohnten sie doch bis dahin in einem kleinen Raum am Ende des Schweinestalles bei Bauer Lünzmann. Später hatten sie die Baracke aus- und umgebaut.

Freundlich sah ihr kleines Haus mit den blauweiß gestrichenen Fenstern und der langen Reihe Königskerzen am Wegrand aus. Diese schöne stolze Blume, mit den goldgelben Blütenkerzen und den sammetweichen graugrünen

Blättern, hatte es vorher in dieser Gegend nicht gegeben. Sie wuchsen da, wo Frieda Perkun nach ihrem langen Weg den Treckwagen abgefegt hatte. Aus dem Samen, der sich im Heu versteckt gehabt hatte, waren sie hervorgegangen. Wie viele junge Pflänzchen hatte sie schon an ihre Landsleute verschenkt.

Einen Kummer hatte Tante Frieda, über den sie oft sprach. Warum fand der Jung' keine Frau? Warum heiratete er nicht? Ein bißchen still war er ja, sprach manchmal tagelang nur das Allernötigste mit ihr. War ja auch seit damals, seit dem Geschehen am Straßenrand, nie mehr ein froher ausgelassener Junge geworden. Das Leben ging doch weiter. Ja, es nahm einen mit, zog einen weiter. Aber mancher läßt sich einfach nur weiterziehen, geht nicht richtig mit, weil er da zurückbleibt, wo der Schmerz wie ein Blitz durch ihn hindurchgefahren ist und eine dunkle Spur hinterlassen hat. Was braucht es erst, um ihn von dort abzuholen und weiterzuführen? Das waren Gedanken, die Frieda Perkun oft in ihrem Gemüt bewegte.

Vor Jahren, da waren schon mal nette Mädchen gewesen, die Jonas auch trotz seines stillen Wesens gerne genommen hätten. Doch nach einer Zeit, in der Tante Friedchen voll stiller Hoffnung gewesen war, hatte Jonas auf ihr Drängen nur gesagt: „Ach, ich laß. Amend weißt nich, wie's geht." Das hatte sie immer sehr aufgeregt.

„Jonas", hatte sie dann gesagt, „denk' an das Gute. Zu irgendwas mußt immer auch lernen, ‚ja' zu sagen. Backen kannst dir keine! Was wird sein, wenn ich nich mehr bin?"

Jonas hatte dazu nur seine breiten Schultern gezogen.

Darum wunderte Tante Friedchen sich auch sehr, als sie eines Tages vom Äpfelaufsammeln in die Küche trat, daß Jonas am späten Nachmittag dort vorm Spiegel stand und sich rasierte.

Schnell überlegte sie, Gesangverein war gestern, Feuerwehr war immer am Mittwoch. Doch sie wollte nicht gleich fragen. Vielleicht sagte er ja mal etwas von selbst. So holte sie das Küchenmesser und eine Schale und begann die Äpfel zum Entsaften vorzubereiten. Bei der reichen Ernte wollte sie aus dem gewonnenen Saft Apfelgelee kochen. Aber als sie dann noch das ausgebreitete frische Hemd auf dem Küchenstuhl gewahrte, da konnte sie sich nicht zurückhalten.

„Willst weg, Jonas?"

„Hmmmm." Er rasierte sich weiter.

Tante Friedchen wollte ihm schon auf die Spur kommen. Ob er eine aus dem Nachbarort kennengelernt hatte? Darum fragte sie: „Nimmst das Motorrad?"

Jonas setzte nur kurz das Rasiermesser von seinem eingeschäumten Hals ab und antwortete mit einem gedehnten: „Nööö".

Da durchfuhr es Tante Friedchen. Sie setzte sich gerade auf.

„Jonas, du willst doch nicht zum Lünzmannhof?"

„Warum nich?"

Vor Entsetzen wurden ihre Augen ganz groß und ihre Stimme überschlug sich fast vor Erregung.

„Jonas! Zu den abgewrackten rothaarigen Schateken willst du? Junge, tu mir das nicht an. Und dir nicht", fuhr sie in etwas gedämpftem Ton fort und beschwörend, „Jonas, du holst dir 'nen Deiwel an."

„Der Fritz sagt, da kannst was erleben!" Jonas warf das Hemd über, nahm seine Jacke und ging mit seinem schweren Schritt zur Tür.

Tante Friedchen schimpfte vor sich hin. „Fritz, dieser Luntrus mit den Schmandbixen, der wollte Jonas zu sowas verführen!" Zornig zerteilte sie die Apfelhälften und schnitt das Gehäuse heraus. Soviel Abfall beim Schälen hatte es bei ihr noch nie gegeben. Energisch spülte sie die Flaschen und setzte den Entsafter auf die Herdplatte.

Draußen war es schon ganz dunkel geworden, als sie die ersten Flaschen abfüllen konnte. Da hielt sie es nicht länger aus. Sie band die Schürze ab, langte nach der Strickjacke und machte sich zum Lünzmannhof auf.

Die Fenster waren alle erleuchtet, doch die Scheibengardinen gewährten ihr keinen Einblick. Aber da stand das Auto des Pächters der „Roten Laterne" mit dem Pferdeanhänger. Wenn sie den Mann auch nicht mochte, wegen der drei abgetakelten Frauenzimmer, wie sie sagte, die er in ihr stilles Dorf verfrachtet hatte, so kam sie mit ihm doch manchmal über sein schönes Reitpferd ins Gespräch. „Ich habe Sommerwind vom Gut Medingen", hatte er ihr gesagt, „da werden jetzt Trakehner gezüchtet." Und sie kam ja aus dem Land der edlen Pferde.

War es in einem anderen Leben gewesen? So weit lag es zurück, so lange war es her, daß sie zu Hause am Zaun vor der Koppel gestanden, in der Schürzentasche die Brotkrusten für die Pferde, ihnen zugesehen und gewartet hatte, bis sie zu ihr an den Zaun herankamen. Wie das braune Fell bei jeder Körperbewegung glänzte, wie die schmalen Fesseln spielten, der Schweif wehend Wellen schlug, der rassige Kopf sich neigte! Zu Hause, ihre Pferde, die sie zurücklassen mußten. Wie war es ihnen ergangen? Das fragte sie sich manchmal, wenn sie Sommerwind auf der Weide sah.

Der Pferdeanhänger, mit dem Sommerwind zu den Turnieren befördert wurde, kam ihr jetzt gelegen. Sie kletterte hinauf, und von ihm aus konnte sie durch das Oberlicht der niedrigen Fenster in die Gaststube sehen. Ja, da saß der Fritz, und vor ihm auf dem Tisch eine von diesen, diesen... Ihr schwarzer kurzer Lederrock ließ viel von den in dunklen Netzstrümpfen steckenden Beinen sehen. Und einen Gürtel hatte die um! Wie so'n Sheriff, mit Nägeln beschlagen. Aber der Jonas? Ach, liebes Gottchen, nein! Jonas saß allein an einem Tisch, den Kopf in die Hand gestützt, vor sich ein Bier und einen Korn. Er sah so verloren in diese Rote-Laternen-Netzstrumpfwelt, daß er ihr auf einmal sehr leid tat.

„Erbarmung!" kam es aus ihrem tiefsten Herzen so laut, daß sie vor ihrer eigenen Stimme erschrak. Gleichzeitig hatte es einen Ruck gegeben, und das Gefährt setzte sich in Bewegung. Sie hatte nicht bemerkt, daß der Besitzer aus dem Haus gekommen war, sich ins Auto gesetzt hatte und startete. Es war für sie ein Ruck und ein Schrei in einem. Tante Friedchen fiel nach hintenüber ins Stroh. Da saß sie nun, und da blieb sie auch sitzen, denn es war für sie zu ge-

*Trakehner Pferde
auf der Weide*

nierlich, sich bemerkbar zu machen. Und wie sollte sie auch? So tat sie, was im Augenblick richtig war, sie ergab sich. Und so war es gekommen, daß Tante Friedchen zu einer ausgefallenen Nachtfahrt kam, die sie, weiß der Deiwel wohin, ins Ungewisse entführte. –

Jonas spülte indessen seinen Ärger über Fritz, der sich gleich diesen zerrupften Frauenvögeln zugewandt hatte und sich überhaupt nicht um ihn kümmerte, mit einer „lüttjen Lage" und noch einer und noch weiterer hinunter.

Er wunderte sich, daß in der Küche noch Licht brannte, als er ganz verdruselt dem Haus zustrebte. „Friedchen!?" rief er laut, mit etwas schlechtem Gewissen. Auf seinen Ruf blieb es still. Irgendwie spürte er, daß das Haus leer war, ohne Widerhall. In der Küche brubbelte der Entsafter vor sich hin. Leise öffnete er die Türe zu ihrer Schlafkammer. Das Bett war unberührt. Wo war sie nur? Jonas ging in die Küche zurück, nahm die hingeworfene Schürze vom Stuhl auf, als könnte sie ihm eine Erklärung geben, und warf sie wieder hin. Auf dem Küchentisch lag auch kein Zettel wie sonst, wenn Tante Friedchen zu einer Hilfeleistung ins Dorf gerufen worden war. Er beschloß zu warten. Zuerst aber füllte er ungeschickt den ausgelaufenen Most in die bereitgestellten Flaschen und zog den Entsafter von der warmen Herdplatte. Schwerfällig setzte er sich an den Küchentisch. Allmählich wurde ihm die Sache unheimlich. Einfach so weg, ohne Nachricht. Hatte sich ein Verbrecher in das stille Heidehäuschen geschlichen? Alles Mögliche stellte er sich vor, was geschehen sein könnte.

Mit den sorgenden und kreisenden Gedanken fiel der müde Alltag ab, das allzu gewohnte Nebeneinander, das den Blick für den andern matt macht. Hatte er überhaupt richtig begriffen gehabt, daß das Leben ihm mit ihrem Dasein ein Geschenk gegeben hatte, nachdem es ihm als Junge den Boden unter den Füßen weggezogen hatte? Ach, wie selten hatte er ihr etwas Dankbarkeit gezeigt. Wenn sie nun nicht wiederkäme, weil etwas Furchtbares passiert ist? Er legte seinen müden Kopf auf die Arme, und seine Gedanken wanderten durch all die Jahre, die er neben ihr gelebt hatte, in denen ihre Fürsorge und Mütterlichkeit ihm einen Halt gegeben. Aber war er nicht, nun als erwachsener Mann, sehr bequem gewesen und hatte alles so laufen lassen, weil es so einfach war? Hätte er sich nicht auf eigene Füße stellen können, stellen müssen? Einmal hätte es nur eines kleinen Anstoßes bedurft, bei Trudchen Petereit. Aber wer sollte ihm den letzten Schubs geben als er selbst? Er sah Trude vor sich mit ihrem rundlichen Gesicht, der braunen Locke über der Stirne, dachte an ihre guten Augen und ihr ausgeglichenes Wesen. Wie sie am letzten Tag in der Türe gestanden hatte und ihn so lieb und fragend angesehen. Und er hatte es nicht über sich gebracht, das entscheidende Wort zu sagen. Was war er doch für ein Dammelskopp. Es wäre ein gutes Leben mit ihr gewesen, mußte er jetzt denken. Und Tante Friedchen hätte es im Alter auch leichter gehabt. Ob Trude noch alleine war? Ob sie manchmal an ihn dachte? Ihr Bild glitt in seinen Traum hinein, als er, den Kopf auf den Armen, einschlief.

„Jonas", hörte er in seinen Schlaf hinein eine warme Stimme. „Jonas!" Er fuhr hoch. Da stand Tante Friedchen alt und müde in ihrer zu weiten Jacke mitten im Raum und sah mit diesem nachdenklich freundlichen Ausdruck auf ihn herab, mit dem sie ihn oft betrachtet, als er noch ein Junge war. Aus dem Schlaf emportauchend stieß er ungewollt hart und heftig hervor: „Wo warst du?!"

Da strafften sich ihre altersmüden Schultern, ja, die ganze Gestalt. Jonas sah es mit Erstaunen. Und mit einem Blitzen in den Augen, schon im Weggehen, halb zu ihm gewandt, sagte sie:

„Ich? Ich war in St. Pauli!" und verschwand in ihrer Kammer. Jonas sah ihr verdutzt hinterher.

Am anderen Morgen, beim sonntäglichen Frühstück, saßen sie sich schweigend gegenüber, bis Jonas, während er umständlich an seinem gekochten Ei herumklopfte, etwas verlegen hervorbrachte: „Weißt, Friedchen, gestern, ich hab vielleicht Angst gehabt um dich." Frieda Perkun wußte, was solche Worte bei dem wortkargen Jonas bedeuteten. Der Bann war gebrochen, und sie konnte ihm alles erzählen.

Wie es zu dieser nächtlichen Fahrt gekommen war, und was sie dabei erlebt hatte. Der Lünzmannpächter war geradewegs nach Hamburg gefahren, direkt nach St. Pauli. Durch den Schlitz in der Plane hatte sie alles sehen können. Die flimmernden Lichter, das Geflacker der aufreizenden Reklamen, die Damen an der Straße. „Du, andre als unsre!" Wortfetzen hatte sie aufgeschnappt. „Die Meile ist attraktiver geworden, Nobelkneipen und Disco . . ." „Zwei feine Herren, weißt, sone mit Schlips und Kragen, wie früher die Herren vom Senat aussahen, die haben lauthals gesungen: ‚Das Herz von St. Pauli, das ruft mich zurück . . .'" Laute Musik hatte ihr in den Ohren gedröhnt, und sie hatte sich so in ihr stilles Heidedorf zurückgesehnt. Vor einem Lokal „Tempelhof" war der Pächter ausgestiegen und hineingegangen. Jazzrock hatte sie da gelesen. Und was für Plakate! Junge, schlimmer als vorne auf den Illustrierten! Doch der Pächter war nach kurzer Zeit wiedergekommen, und die Fahrt ging wieder zurück. Unbemerkt, meinte Tante Friedchen, hätte sie dann vom Pferdeanhänger wieder runterklettern können.

Jonas hatte staunend zugehört. Als sie fertig war, sagte er: „Weißt, all den Flimmerkram möcht ich ja gern mal sehen. Wo man soviel davon hört. Un du kommst mit. Kennst dich da ja nun schon e' bißchen aus!"

„Laß man", sagte Frieda Perkun. Sie sah aus dem Fenster den Heideweg entlang, wo das Violett des Heidekrauts schon etwas Braunfärbung annahm. Von der alten Dorfstraße her leuchteten die hellweißen Birkenstämme im Vormittagslicht. Nach ihrem kurzen Ausflug in die ihr fremde Welt war sie dankbar, daß sie hier lebte. Hier, wo der Herbst seine Farben malte, wo im Frühling das Birkengrün so frisch duftete und wo man in der Nacht noch die Sterne am Himmel sehen konnte. Und sinnend wiederholte sie: „Laß man, Jonas, für uns beide ist das nicht."

Er sah in das ruhige, ihm so vertraute Altersgesicht. Wie recht sie wohl hatte. Auch gestern, in der „Roten Laterne", hatte er sich fehl am Platze gefühlt. Und wieder stand das Bild von Trude Petereit vor ihm, so hell und frisch. Sie war in ihrer Schlichtheit ein Mensch der Welt, in die er hineingehörte, aus der er gestern so ungeschickt hatte hinaustappen wollen.

Und auf einmal wußte er, daß er alles daransetzen mußte, sie zurückzugewinnen.

„Nächste Woche fahr ich hin. Ja, gleich am Montag", kam es halblaut über seine Lippen. Frieda Perkun horchte auf und sah ihn groß an.

„Wohin willst fahren? Nach St. Pauli?"

„Aber nein doch!" Lachend wehrte er ab und fuhr mit dem Arm über den Tisch, als gäbe es da etwas wegzuwischen. Halb verlegen, doch stolz über seinen gefaßten Entschluß gestand er ihr: „Ich hab mir was vorgenommen. Ich fahr zu Trudchen, zu Trude Petereit."

Tante Friedchens Gesicht erhellte sich, und alle kleinen Altersfältchen schienen zu lächeln, als sie schmunzelnd meinte:

„Na denn, alter Jung', is ja noch Hoffnung."

Späte Begegnung

„Vielleicht haben Sie ja am Sonntag ein Stundchen Zeit, Herr Jankun. Dann können wir weitererzählen, von Zuhause. Ich back auch Mohnstriezel", sagte sie verlockend. Er sah in das freundliche runde Altfrauengesicht, das mit den lebensvollen dunklen Augen noch so munter in die Welt blickte. Nur zu gerne sagte er zu. Der Sonntag alleine war immer am schwersten zu ertragen.

„Schönen Dank. So um Vier?"

„Ja, ja, um Vier." Sie verabschiedeten sich, und im Weitergehen wandte er sich noch einmal um und zog den Hut.

„Ein Stundchen" hat sie gesagt. Ach, wie ihn der vertraute Heimatklang erwärmte. Leise pfiff er vor sich hin und stellte überrascht fest, wieviel leichter sein Schritt war, als am Morgen dieses grauen Novembertages, der so nichts versprochen hatte als den eintönigen Alltag eines alleinstehenden Mannes. Und nun hatte der Tag ihm diese nette Bekanntschaft mit Frau Laudien gebracht, die, wie er, alleine war. Er zog seinen Einkaufszettel aus der Tasche und überflog, was er jetzt noch zu besorgen hatte, denn es war ihm ja nun dieses Erlebnis dazwischengekommen.

Auch Lore Laudien pfiff vor sich hin, als sie wieder ins Haus trat. Wie der Gesang eines Kanarienvogels trällerte es durch ihre Wohnung, denn ihr fröhliches Gemüt war in Schwingung geraten, und musikalisch war sie auch. Auch sie hatte dieser naßkalte Morgen nicht gerade erfreut. Zudem begann er mit lauter kleinen Mißgeschicken. Der Toaster war durchgebrannt, und es hatte einen Kurzschluß gegeben. In der Hast hatte sie das Kaffeekännchen umgestoßen, und es hatte eine Überschwemmung gegeben. Aber das dritte Malheur, das schien ja geradezu die Vorbereitung für die Begegnung mit Walter Jankun gewesen zu sein.

Vor dem Edeka-Laden war plötzlich der Henkel ihres Einkaufskorbes gerissen. Die Mandarinen kullerten nur so wie kleine orangefarbene Bälle durch die Gegend. Da war ihr dieser nette ältere Herr zu Hilfe gekommen. Ja, er hatte ihr seine Einkaufstasche angeboten und ihr die Sachen bis vor die Türe getragen. Als er sagte: „Son griesegraues Wetter. Richtig schubbrig ist einem", hatte sie aufgehorcht. Wer sagt sonst schubbrig? Da war es ihr ganz leicht von den Lippen gekommen: „Wenn einem schubbrig ist, denn hilft ein Pillkaller!" An dem Ausdruck seines Gesichtes konnte sie ablesen, daß er wußte, wovon sie sprach.

„Ich hab einen da. Kommen Sie doch bitte rein, auf ein Schluckchen." Schließlich waren sie beide in einem Alter, da man das ohne Hintergedanken sagen konnte.

So hatten sie an diesem grauen Vormittag zusammen gesessen und sich zuprostend staunend festgestellt, daß sie gar nicht weit voneinander aufgewachsen waren. Jeder in einem anderen Dorf am großen Memelstrom, nahe von Tilsit. Und in Krakonischken hatte sie eine Tante gehabt und er einen entfernten Onkel. Damit war eigentlich schon der Grund für Vertrautheit gelegt, ja, fast für ein verwandtschaftliches Gefühl.

Und wie es immer ist, wenn sich zwei aus der alten Heimat treffen, hatten sie sich gegenseitig ihren schweren Weg aus dem Land ihrer Väter geschildert. Lore Laudien erfuhr, daß er in der ehemaligen DDR eine Bleibe gefunden hatte, daß seine Frau vor drei Jahren gestorben war und die Kinder, die schon früher rübergemacht hatten, ihn vor einem Jahr zu sich geholt hatten.

„Wissen Sie, die meinen es ja gut. Ich habe ein schönes großes Zimmer mit meinen eigenen Möbeln. Aber alleine bin ich doch. Die Kinder haben ja soviel Arbeit mit ihrem Elektrogeschäft. Und am Abend ist die Buchführung dran. Am Wochenende wollen sie ja mal was unternehmen. Können sich ja nicht immer nach mir altem Mann richten. In Magedburg hatte ich ja meine alten Bekannten. Na, alle leben auch nicht mehr."

Lore Laudien hatte noch einmal die Gläser gefüllt, und, wie es zum ostpreußischen Pillkaller gehört, eine Leberwurstscheibe mit einem Kleckschen Mostrich drauf, auf den Glasrand gelegt. Mit Vergnügen sah sie, wie er mit Wohlbehagen den Klaren ganz zünftig durch die Leberwurst zog. Wieder hatten sie sich zugeprostet, und in der angenehmen Gelöstheit stiegen die Erinnerungen hoch. An die Zeit der Kindheit in ihrem weiten Land am großen Strom. Sie sprachen von dem Leben dort, das soviel einfacher gewesen war, wie man es sich heute nicht mehr vorstellen kann, und das doch die Menschen hatte zufriedener sein lassen. Und man lebte in dem Gefühl einer großen Vertrautheit, weil man dazugehörte, zu den Menschen, dem Land und zum großen Fluß.

„Manchmal träum ich von der Memel", sagte Lore Laudien versonnen. „Dann steh ich am Ufer. Der Strom fließt, silbergrau. Und ich hab solche Sehnsucht. Ja, ja, das wird man nie vergessen. Wie damals die Kurenkähne mit ihren dunklen Segeln auf dem Wasser langzogen. Und die Boydaks mit ihren Holzladungen. Und erst die Ausflugsdampfer, die von Tilsit übers Kurische Haff nach Schwarzort fuhren. So gerne wär ich einmal mitgefahren. Aber damals wurde sehr gespart und jede Mark dreimal umgedreht, bevor man sie ausgab."

„Mich hätte die Memel beinah geschluckt", erzählte Walter Jankun. „Welcher Junge läßt sich schon ‚Schollche fahren' verbieten? Es war ja auch schön, wenn die Memel stand. Jeden Tag schorrten wir auf dem Eis. Da gings darum, wer hat die längste Schorre. Aber dann, aufs Frühjahr zu, wenn die Memel zu rumoren anfing, wenn es krachte und knackte und das heranströmende Unterwasser die Eisdecke barst, dann war bald Zeit zum ‚Schollche fahren'. Zuerst war es noch viel zu gefährlich. Die Eisschollen türmten sich am Ufer. Später jagten sie mit dem reißenden Strom der Mündung zu. Aber eines Tages hatte sich alles mehr beruhigt. Wir Jungen verabredeten uns heimlich. Es war ja verboten. Aber den Vätern war es auch verboten gewesen, und sie hatten es doch getan. So hielt auch uns nichts, auch die angedrohte Tracht Prügel nicht. Ich sprang also an dem Tag, als das passierte, vom Spickdamm auf eine Scholle. Wollt eigentlich nur zwischen den Dämmen fahren. Ich hat nicht daran gedacht, daß es um die Spitze der Spickdämme herum immer gefährlich ist, auch im Sommer. Der Strom riß meine Scholle zur Mitte. Ich versuchte, mich festzuhalten, verlor den Stock und sprang schnell von der Scholle runter, die weiterjagte. Doch den Spickdamm verfehlte ich und plumpste ins eiskalte strudelnde Wasser. Wär nicht der Fischer Waschkuhn gekommen, der sehen wollt, ob er sein Boot weit genug hochgezogen hatte, ich säß heute nicht hier. Na, zu Hause hat mich Vater erst warmgeklopft, und dann mußt ich ins Bett. Geholt hab ich mir nichts. So sind wir alten Prußen!"

Lore Laudien hatte erschrocken zugehört. Sie wußte ja zu genau, welche Urgewalt die Memel im Frühjahr zeigte.

„Na, da müssen wir noch ein Schluckchen trinken", meinte sie.

„Nein, nein", wehrte Walter Jankun freundlich ab. „Ich hab ja noch einiges zu besorgen. Aber es war wirklich schön bei Ihnen, und ich danke sehr. Sie sind einer von den wenigen Menschen, die heute noch zuhören können."

Als Walter Jankun am nächsten Sonntag vor ihr stand, für die Einladung dankte und seinen Blumenstrauß überreichte, wußte er nicht gleich, warum sie ihm so anders, fremder erschien. Der freundliche Ausdruck in ihrem Gesicht war derselbe, der ihn gleich für sie eingenommen hatte. Was war es? Hatte sie eine neue Frisur? Doch dann erkannte er, daß sie sich für ihn hatte schön machen wollen. Sie hatte ein hübsches Kleid angezogen und ihre Haare unter einer Perücke versteckt. Doch ihm war der Eindruck ihres Äußeren, den er bei der ersten Begegnung gehabt hatte, lieber.

Er sah sich diesmal im Zimmer genauer um. Erst jetzt bemerkte er in der Ecke am Fenster das Harmonium und trat heran. Noten waren aufgeschlagen, ihm schien, ein Kirchenlied.

„Wie ich sehe, spielen Sie Harmonium", sagte er zu Lore Laudien, die mit der Kaffeekanne hereintrat. „Gehen Sie oft in die Kirche?"

„Wenn meiner predigt, ja", bekam er zur Antwort.

„Wie soll ich das verstehen?"

„Na, wir haben zwei. Meiner predigt, wie ich das gerne

höre. Man geht so anders aus der Kirche, fühlt sich aufgehoben. Und dann ist einem leichter und man möcht was tun, für andere. Meist geh ich dann zu Berta Bartke, auch von zu Hause. Zu der kommt sonst kaum jemand. Sie kann nicht mehr viel machen und sitzt fast nur im Sessel am Fenster. Ich kauf auch für sie ein, wasch ihre Gardinen, und was sonst noch so ist. Na, und der andere", fuhr sie fort, „der ist ein Sechziger."

„Der ist Ihnen zu alt?"

„Zu alt?" Sie lachte. „Nein, der hat in den sechziger Jahren studiert. Der ist nur sozial. Da fehlt das liebe Gottchen drin."

Jankun mußte auch lachen. Die Lore ist wirklich originell, dachte er und stellte für sich fest, daß er sie für sich schon Lore nannte. So vertraut erschien ihm alles an der Frau, die er doch noch gar nicht lange kannte.

„Nun müssen Sie aber meinen Mohnstriezel probieren", forderte sie ihn auf, legte jedem ein großes Stück auf den Teller und schenkte Kaffee ein.

„Seit damals habe ich keinen Mohnstriezel mehr gegessen", sagte er und schob sich ein Stück in den Mund. „Hm, schmeckt wie zu Hause."

Das war das beste Lob für sie, und auch die Tatsache, daß sie ihm immer noch eins und immer noch eins auflegen durfte.

Dann kam sie auf das Harmonium zurück. „Das Harmonium, das habe ich mir richtig vom Mund abgespart, als ich hier anfing, etwas zu verdienen. Jeden Tag spiele ich das Wochenlied und anderes. Ich bin das so gewohnt, von Kind an. Meine Mutter spielte. Wissen Sie, ich bin in einem frommem Haus aufgewachsen. Vater war Kirchenvorsteher, viele Jahre. Bin ja auch dankbar für alles, wie es im Elternhaus war. In schweren Zeiten, gerade auf der Flucht, wie es kaum weiterging, da hat mir manches Wort geholfen, den Mut zu behalten. Na ja, als Kind hat man schon manchmal geschimpft, daß man all die Strophen lernen mußte. Aber eins war doch", betonte sie dann, „Vater war in manchem zu streng! So gerne wäre ich wie die andern

Mädchen auch mal tanzen gegangen. Nein, unser Vater ließ mich nicht. – ‚Auf dem Tanzboden is der Deiwel‘ – schimpfte er. ‚Da kommst du nicht hin!‘ Einmal bin ich doch gegangen, heimlich. Ganz heimlich nicht. Unser Muttchen verstand mich ja. Hat mir auch das hellblaue Kleid zurechtgemacht, mit Rüschen und so. Ach, wie hab ich getanzt. Immer noch mal und immer noch mal. Vor allem mit Hans Ermoneit. Und wie der mich einmal so rumschwenkt, was sag ich Ihnen, fall ich doch hin und brech mir das Bein. Na, da hat Vater aber gekuckt, als sie mich anbrachten. Da war was los!" Sie schien das Bild noch ganz vor Augen zu haben und verhielt. Dann fuhr sie fort: „Vater wollte auch, ich sollte Diakonisse werden. Aber da hat Mutter dazwischengeredet und gesagt – ‚Unser Lorchen eine Diakonisse? Lorchen? der die Lebenslust so aus den Augen blitzt? Vaterchen, das geht nicht gut.‘ – Na, so wurd ich Wirtschafterin. Hab in Tilsit gelernt. Und mit der Lebenslust war das auch nicht so, weil der Hans Ermoneit, den ich heiraten wollt, nicht mehr vom Krieg zurückkam."

Ein Weilchen war es still zwischen beiden, bis sie hörte, daß er vor sich hinsprach: „Lorchen, haben die Eltern gesagt."

„Ja, alle sagten Lorchen. Auch später."

Er sah sie verschmitzt an: „Kann ich nicht auch Lorchen sagen? Wir von zu Hause sind doch alle ein bißchen verwandt."

„Mir war auch gleich so, als kennen wir uns schon lange von früher", nickte sie dazu. Und so waren sie wie selbstverständlich zur Vertrautheit der Vornamen gekommen und zum nahen Du.

„Als du in Tilsit warst, Lorchen", fragte er nun, „hast du nicht die Gelegenheit genutzt und bist tanzen gegangen?"

„Ach, da war ja bald Krieg. Wir haben ja nicht viel von unbeschwerter Jugend gespürt."

Auch für ihn hatte mit dem Eingezogenwerden und Kriegsbeginn allzufrüh die Jugendzeit ein Ende gehabt. Doch wie er noch mit diesen Gedanken beschäftigt war, sah er mit Erstaunen, wie sich ihr Gesichtsausdruck unternehmungslustig veränderte und ihre dunklen Augen ihn anblitzten. Diese schnelle Wandlung konnte er später manchmal bemerken.

„Ich spiel uns was!"

„Auf dem Harmonium?"

„Nein. Jetzt zeig ich mein Geheimnis. Dürfen meine Geschwister nicht wissen." Sie stieg auf einen Stuhl, schlug auf dem Schrank eine Decke zurück, die ihr Geheimnis verhüllt hatte, und holte ein elektrisches Tischklavier herunter.

„Ich kann doch nicht nur Choräle spielen und geistliche Musik", gab sie eine Erklärung ab. Mit Nachdruck warf sie den Kopf nach hinten. „Manchmal ist mir eben ganz anders zumute! Und ich kann doch auf dem Harmonium nicht flotte Lieder spielen."

Das Lorchen steckt voller Überraschungen, dachte Walter Jankun. Er half ihr beim Runterholen und Aufstellen und Anschließen. Bald füllte sich der Raum mit ganz anderen Tönen und Weisen, als sie das Harmonium vorzubringen gewohnt war. Zuerst waren es bekannte Volkslieder, und er sang auf seine Weise mit. „Auf der Lüneburger Heide . . .," „Ik hev mal in Hamburg en Veermaster sehn." Hingebungsvoll spielte sie dann aus Don Giovanni „Reich mir die Hand, mein Leben." Danach ging sie zu Operettenmelodien über und schließlich wechselte sie ins Schlagerfach. Dunkel und geheimnisvoll durchzogen die Klänge den Raum, Kriminaltango – „In der Taverne . . ."

Er war von einem Verwundern ins andere gekommen. Was er da erlebte, bei Lorchen, aus dem frommen Kirchenvorsteherhaus, amüsierte ihn mächtig. Wie sie es fertiggebracht hatte, ihn so aufzulockern. Er war in bester Stimmung und kam auf einen besonderen Einfall.

„Lorchen, was meinst du? Jeden Mittwoch, um Sechs, ist in der großen Gastwirtschaft Meyerdirks Tanz für Senioren. Es ist ein solides Publikum da. Ich hab das mal gesehen. Dann könntest du doch nachholen, was du so gerne wolltest und was dir im Blut zu liegen scheint."

Freudiges Erstaunen zeichnete sich in ihrem Gesicht ab, und ein kleiner feuchter Schimmer trat in ihre Augen, als er fortfuhr: „Weißt du, Lorchen, für mich brauchst du dich nicht anders machen. Ich mein deine Haare. Für mich bist du schön, so, wie ich dich beim ersten Treffen sah."

„Das hat mir in meinem Leben noch keiner gesagt", kam es leise von der gerührten Lore Laudien.

So kam es, daß in den kommenden Wochen dieses ältere Paar ein Stückchen Lebensfreude bei Meyerdirks auf dem Tanzboden fand. Damit hatte für Lore Laudien ein ganz neuer Lebensabschnitt begonnen, in dem sie ihre Lebensfreude mit einem Partner leben konnte, was ihr in ihrem bisherigen Leben nicht vergönnt gewesen war. Endlich konnte sie auch ihre liebevolle Zuwendung einem Menschen schenken, dem sie selbst, sie mit ihrem Wesen und Dasein, etwas bedeutete. Wenn ihre Wohnung nicht so klein gewesen wäre, hätten sie sich entschlossen, zusammenzuziehen. Einen großen Umzug scheuten sie in ihrem Alter.

„Aber bekochen werd ich dich doch!" hatte Lorchen tatenfreudig erklärt. Marion Lindts Kochbuch, mit den ostpreußischen Spezialitäten, wurde jetzt öfter hervorgeholt. Wenn sie jetzt beide die alten, von zu Hause bekannten Gerichte verspeisten, Königsberger Klopse, Beetenbartsch, Dampfkarbonade oder geschmortes Schweinefleisch mit Pflaumen, dann würzten sie die Speisen noch mit Erinnerungen.

Und kein Tag verging, an dem Walter Jankun nicht dankbar dachte, wie gut sich alles für ihn gefügt hatte, und was für ein frischer Lebensquell für ihn die Lore Laudien geworden war.

Beide sah man jetzt jeden Tag lange Spaziergänge machen. Nicht nur, weil der Arzt es empfohlen hatte. Sie brauchten es, denn sie waren ja beide Kinder der Natur, die noch empfinden konnten, was die Jahreszeiten ihnen zu erzählen hatten. Meist gingen sie den schmalen Weg am Heidebach entlang zum Buchenwäldchen hin, wo bald die zarten Anemonenbüschel den braunen Waldboden frühlingshaft schmückten. Walter kannte viele Vogelstimmen, und die Luft und der Wald bekamen für Lore Laudien eine neue Dimension. Hier rief ein Buchfink, vom Waldrand kam die Antwort. „Ein Kommunikationsruf", wußte er ihr zu erklären.

Vor der großen Kastanie vor ihrem Haus blieben sie immer eine ganze Weile stehen, weil sie sich noch so viel zu sagen hatten. Sie machten sich gegenseitig darauf aufmerksam, wie die glänzend braunen Knospen immer dicker wurden, wie der Saft sie drängte, bis sie sich langsam zu öffnen anfingen. Und als die Kastanie eines Tages ihre Blütenkerzen in die Mailuft hielt, da war es für sie wie ein Festtag, weil sie in diesem Jahr dieses immer neue Wunder zusammen erwartet hatten. Und nun war es da!

Ein kleiner Wehmutsgedanke erfüllte Lore, als ihr die erste dicke Kastanie vor die Füße fiel und zerplatzte. „Das muß mich doch nicht bekümmern", dachte sie. „So ist es. Der Sommer verabschiedet sich." Später sah sie es als Vorahnung an. Plötzlich und so ganz unerwartet fiel auch das Ende dieser erfüllten Zeit mit Walter Jankun in ihr Lebensglück.

„Er saß ganz friedlich in seinem Sessel", berichtete seine Tochter der fassungslosen Frau. „Musik spielte. Ich glaube Bach. Ganz still und friedlich ist er von uns gegangen."

Lore Laudien nahm nur die Worte „von uns gegangen" auf. Sie fingen an, in ihrem Kopf zu dröhnen. Die Wirklichkeit dieses Abschieds war ihr schwer zu begreifen.

Drei Tage waren die Rolläden vor ihren Fenstern runtergezogen, und die Welt für sie versunken. Ihr war es, als läge sie selbst in einem dunklen Grab. Doch dann war sie es selbst, die sich emporzog. „Drei Tage sollst du klagen . . . dann erhebe dich", sagte sie sich und zog die Rolläden hoch. Wer an ihrem Fenster vorbeiging, konnte jetzt manchmal leise Klänge des Harmoniums hören. Die Melodien und Worte der ihr wohlvertrauten Lieder trösteten sie. Ihr gesunder Lebenssinn setzte sich bald durch, und sie fand für sich eine Aufgabe, die sie mit ihm und der Erinnerung verband. Sie kaufte eine kleine Harke und Gießkanne. Wie sie vorher mit ihm jeden Tag zum Buchenwäldchen gepilgert war, so war jetzt ihr täglicher Weg der zum Friedhof.

Sie pflanzte ausgesucht schöne Blumen auf sein Grab, und es machte ihr Freude, die Farben aufeinander besonders abzustimmen. Ging sie die Reihen entlang, konnte sie sich sagen, daß sein blühendbuntes Grab das schönste sei. Doch bei ihrem Vergleich hatte sie auch manche Grabstelle wahrgenommen, der man ansah, daß niemand des Verstorbenen gedachte. Das bekümmerte ihr gutes Herz, und sie begann, sich auch um diese Gräber zu kümmern. So hatte sie eine Aufgabe gefunden, die sie sehr ausfüllte, ja, die zum Gerüst des Tages wurde, um das sich das andere herumrankte. Sie betreute weiter die gebrechliche Frau Bartke, was sie auch während der ganzen Zeit mit Walter Jankun nicht vernachlässigt hatte. Deren Abwechslung war es, von ihrem Lehnstuhl am Fenster auf die Straße zu schauen. Lorchens Haus gegenüber, hatte sie miterlebt, wie die Verbindung immer vertrauter geworden war. Die Dankbarkeit für Lorchens Hilfe und Freundlichkeit ließ sie herzlich anteilnehmen. So war sie denn auch zutiefst betrübt, als dieses so schöne Altersglück ein so plötzliches Ende gefunden hatte. So war sie es, zu der Lorchen hinflüchtete, als eines Tages ein neuer großer Kummer Lorchens Herz zerdrücken wollte. Einem Menschen mußte sie ja ihr Herz ausschütten. Wie erschrak Frau Bartke, als Lore Laudien zur Türe hereinkam. So abgeschlafft die Schultern, so schmerzlich und voll Bitternis das Gesicht.

„Ach liebes Gottchen, Lorchen, was ist?" rief sie ihr entgegen. Lore machte eine hilflose Bewegung mit der Hand und ließ sich in den Sessel fallen.

„Du kannst es dir nicht ausdenken, Bertchen. Nun haben sie mir auch das genommen!"

„Wer hat? Was? Lorchen, was ist?"

Sie richtete sich etwas auf und Leben kam in ihr Gesicht, wenn auch nur die Kraft der Enttäuschung und Bitternis.

„So schöne Stiefmütterchen hat ich gekauft und wollte sie auf das Grab pflanzen."

Frau Bartke sah mit Verwundern, daß sie noch aus dem Korb ragten. Warum hatte sie nicht gepflanzt? Aufmerksam horchte sie auf die Worte.

„Wie ich hinkomm, ich dacht, mich trifft der Schlag. Der Grabstein war weg."

„Wer macht denn sowas!" rief Frau Bartke empört. „Sind wir nun schon soweit?"

Lorchen schüttelte den Kopf. „Ich gleich hin zu den Kindern. Was meinst du, wie aufgeregt ich war. Ein Kunde war im Laden. Ich konnt gar nicht abwarten und rief – Was Schreckliches ist passiert! Der Grabstein ist gestohlen! – ‚Nein, nein', sagt Erna und zieht mich ins Büro. – Waren ja immer nett zu mir, die Kinder. Haben sich ja auch gefreut, daß der Vater von mir so gut versorgt wurde, und, wie sie sagten, wieder richtig aufgelebt sei. Aber sowas!"

„Was denn?"

„Erna sagte zu mir, so ruhig, daß es mich aufregte. – Beruhige dich man. Der Grabstein ist nicht gestohlen. – Nicht gestohlen? was denn? frage ich. – Wir haben ihn abholen lassen. Da wird jetzt Mutters Name eingehauen. Wir holen Mutters Urne von Magdeburg und wollen sie hier beisetzen, neben Vater. Ist doch einfacher für uns. – Ich dacht, der Boden tut sich auf." Sie schlug die Hände vors Gesicht und Schluchzen schüttelte sie.

„Die andre. Neben Walter. Und ich soll immer den Namen lesen auf dem Grabstein, wenn ich hingeh und Blumen gieße und so! Nein, da geh ich nicht mehr hin. Das kann ich nicht. Da mach ich nichts mehr."

Frau Bartke wußte, daß man in den ersten Schmerz nicht mit guten Ratschlägen hineinreden soll, weil sich der andre in seinem Schmerz nicht angenommen fühlt. So nahm sie nur Lorchens Hand und streichelte sie sanft und tröstend.

Wenn man Lore Laudien in der kommenden Zeit sah, war es, als hätte erst jetzt die ganze Trauerlast ihr Gemüt niedergedrückt. Hatte sie doch das Gefühl, daß man ihren Anteil an seinem Leben geraubt hatte.

Doch sie wäre nicht Lore Laudien, wenn sich nicht bei

ihr nach einer gewissen Zeit Lebenswille und Tatkraft durchgesetzt hätten. Frau Bartke sah sie wieder mit Harke und Gießkanne und Blumen im Korb ihren täglichen Weg zum Friedhof aufnehmen.

„Na, Lorchen", fragte sie beim nächsten Besuch, „ist es dir nicht mehr so schwer, auf dem Grabstein den andern Namen zu lesen? Hast dich dran gewöhnt?"

Ein fast empörter Blick traf sie. „Gewöhnt? Nein! Aber soll Walter drunter leiden?" Und dann folgte eine für Lore Laudien originelle und typische Erklärung, bei der Frau Bartke ihr Schmunzeln verbergen mußte. „Weißt, was ich mach? Ich schmeiß den Mantel rüber. Dann seh ich ihn nicht."

So hatte sie für sich einen Weg gefunden, ihrem Tag die liebgewonnene Aufgabe zurückzugeben. Langsam wandelten sich ihre Gedanken dahin, daß die andere ja vor ihrer erfüllten Zeit mit Walter zu seinem Leben gehört hatte, und daß es ihr eigentlich nichts nahm, und sie sich nicht zu betrüben brauchte. Es half ihr auch, sich daran zu erinnern, wie freudig sie beide diese Gemeinsamkeit erlebt hatten.

Noch leichter wäre die Wandlung ihrer Einstellung wohl gewesen, wenn sie gewußt hätte, daß eines Tages seine Kinder auch ihre Urne an seine Seite setzen ließen. Ein kleiner liegender Feldstein daneben, mit ihrem Namen, erinnerte daran, daß auch sie dazugehört hatte.

Die Tasche

„Wollen wir jetzt mit dem hellen Blau weiterweben oder mit dem dunklen?" Ich zeige auf die Wollknäuel auf dem Tisch und sehe die Bewohnerin des Altenpflegeheimes fragend an. Sie sitzt neben mir im Rollstuhl. Nach einem Schlaganfall ist sie gelähmt und hat auch die Sprachfähigkeit verloren. Doch irgendwie hat sie ihr Schicksal angenommen und nimmt gerne an den Angeboten der Beschäftigungstherapie teil. Einmal in der Woche komme ich und helfe dabei. Sie möchte ein kleines Bild weben, ein Schiff im wogenden Wasser. Mit der linken Hand zieht sie die Stopfnadel durch die Kette des von uns hergestellten Rahmens.

Sie zeigt auf das helle Blau, und ich fädele es ihr ein. Schön hat sie das Wasser bisher gewebt. Helles und dunkles Blau wechseln, dazischen etwas Grautöne und Weiß. Man kann sich das bewegte Wasser vorstellen.

Die meisten Bewohner des Altenpflegeheimes sind nicht mehr in der Lage, etwas zu machen. Zu schwach sind sie an ihrem Lebensabend geworden. Uns gegenüber sitzen zwei Frauen, denen es schon Unterhaltung ist, uns zuzuschauen.

Eine von beiden, Frau Minuth, kenne ich schon. Sie hat ein freundliches, liebes Muttchengesicht. Auch beim kleinsten Wort hört man heraus, daß sie aus Ostpreußen stammt. Sie verfolgt interessiert unsere Arbeit. Als die Entscheidung für das helle Blau gefallen ist, nickt sie bestätigend dazu. Zu Hause hat sie selbst gewebt, erzählt sie. Am richtigen Webstuhl. Ab und zu kommt von ihr die Bitte: „Nu zeij doch mal." Dann wird die Arbeit, nicht ohne Stolz, zur Betrachtung hingehalten. Musternd legt sie dann den Kopf zur Seite und meistens folgt ein: „Is' schön. Du kannst." Das beglückt die Weberin, und freudig webt sie weiter.

Die Frau neben ihr hat sich die Handtasche auf den Schoß genommen. Klappt sie auf, klappt sie zu, klappt sie auf. Frau Minuth horcht auf, stutzt, sieht zur Seite. Ihr Gesichtsausdruck verändert sich plötzlich, wird angespannt und fest. Und plötzlich, mit einem schnellen Griff, hat sie die Handtasche der Nachbarin an sich gerissen und behauptet entschieden „Mein Tasch!"

„Sofort geben Sie die Tasche her! Was fällt Ihnen ein. Das ist meine Tasche!" Schimpfend zerrt die Nachbarin an ihrem Arm und will die Tasche wieder entreißen. Doch Frau Minuth sitzt da wie ein Block. Mit beiden Armen hält sie die Tasche umklammert und sagt: „Mein Tasch!" Es hilft kein Ziehen und Zerren und Schimpfen. Ich bin heilfroh, als eine Schwester hinzukommt. Sie erkennt gleich die Situation und spricht beruhigend auf die Tascheninhaberin ein.

„Ich mach das schon. Ihre Tasche bekommen Sie doch gleich wieder. Seien Sie man ruhig. Wir kennen das doch bei Frau Minuth." Sie verschwindet und kommt gleich mit der Handtasche von Frau Minuth, die sie aus deren Zimmer geholt hat, hält sie ihr freundlich hin und sagt: „Frau Minuth, Sie wollten mir doch das schöne Hochzeitsbild von Ihrer Enkelin zeigen."

Ich beobachte erstaunt, wie das freundliche, verständnisvolle Wort die Verkrampfung löst. Die Züge in dem Gesicht lockern sich wieder. Es nimmt seinen alten Ausdruck an.

„Ach ja, die Ullachen", sagt sie lächelnd, zu der Schwester aufblickend, und streckt die Hände ihrer Tasche entgegen. Geschickt kann die Schwester die Tasche wegziehen und sie der Nachbarin zurückgeben. Brummelnd zieht diese ab.

Auch ich darf Ullachens Hochzeitsbild sehen und den netten jungen Mann, der jetzt zu ihr gehört. „Und das ist Günter, mein Sohn, Ullachens Vater." Frau Minuth hat noch ein Bild aus der Tasche gezogen. „Ja", sagt die Schwester, „Frau Minuth hat einen guten Sohn. Alle vierzehn Tage kommt er von Hannover her, sie besuchen. Zu den Festtagen holt er sie. Die meisten hier bekommen kaum Besuch. Manche gar nicht mehr. Man bringt sie her und Schluß." Bei meinen späteren Besuchen lernte ich Frau

Minuths Sohn kennen. Er erzählte mir vom Leben der Mutter und von ihrem gemeinsamen Weg der Flucht über das Eis des Frischen Haffes.

Nachdem sie schon mehr als zwei Wochen zu Fuß durch das verschneite, vom Kriegssturm zerrissene Land gezogen waren, kamen sie Anfang Februar '45 bei Braunsberg an das Frische Haff. Jeder trug nur noch seinen Rucksack auf dem Rücken, denn Günters Rodelschlitten mit den beiden Koffern hatten sie bei den Wirren des überstürzten Aufbruchs aus einem kleinen Dorf verloren. Der Russe hatte mit seinen Panzern schon den Dorfanfang erreicht. Auf abgelegenen Seitenwegen waren sie noch entkommen.

In Braunsberg herrschte ein großes Chaos. Die Keller lagen voll Verwundeter. Unter den Menschen, die dem Haff zustrebten, glaubte die Mutter ihre Schulfreundin zu erkennen. „Ruth!" rief sie laut und winkte. „Ruth!" Die Frau drehte sich um. Ja, sie war es. Humpelnd kam sie auf sie zu. „Ach Gottchen, nein, du siehst ja aus wie ein Verwundeter!" „Ja, das bin ich auch. Die Tiefflieger haben uns beschossen. Hier an der Schulter hat es mich erwischt und am Fuß. Tagelang habe ich im Keller gelegen. Heute kam ein Sanitäter und sagte: ‚Seht zu, daß ihr rauskommt. Die Schwerverwundeten versuchen wir den Treckwagen mitzugeben. In Kahlberg soll ein Lazarettschiff sein.' Aber ich muß weiter. Meine Leute." So verloren sie sich. Die Mutter sprach mit Leuten von einem Treckwagen. Es schien ihr ein Schutz zu sein, mit dem Wagen zu ziehen. Die Rucksäcke durften sie rauflegen. „Aber wir fahren erst, wenn es dunkel ist", sagte der Mann. „Am Tag kommen die Tiefflieger und beschießen die Treckwagen." So warteten sie, bis die Dunkelheit nahte. Das Tauwasser stand schon auf dem an manchen Stellen geborstenen Eis. Und doch war es der einzige Weg, der als vage Hoffnung auf Rettung geblieben war. Die russische Front hatte den Weg nach dem Westen abgeschnitten. Vom Haff her sahen sie einen gewaltigen Feuerschein. „Da liegt Frauenburg", sagte beklommen die Mutter. „Frauenburg brennt. Da wohnt Tante Gustel, Vaters Schwester." Weiter zogen sie, und immer

wieder galt es, die breiten klaffenden Risse im Eis zu über-
winden. Die Leute von ihrem Wagen hatten Matratzentei-
le, die sie über die Spalten warfen. Schnell ging es mit dem
Wagen rüber. Jedesmal war es ein angstvoller Augenblick.
An so manchen eingebrochenen Wagen waren sie schon
vorbeigekommen. Da ragte das hintere Wagenteil aus dem
Eisloch, da nur noch die Deichsel. Günter erschrak, als er
aus einem Wasserloch nur noch einen Pferdekopf ragen
sah. In seinem verzweifelten Kampf verdrehte das Tier die
Augen, daß das Weiße zu sehen war. Günter erschien es, als
sähe ihn das Tier hilfesuchend an. Er faßte nach Mutters
Arm, unterdrückte aber ein Aufweinen. Er wollte es der
Mutter ja nicht schwer machen. Er wollte vielmehr mit seinen zwölf Jahren ihr ein Beistand sein, nun, da Vater nicht
bei ihnen war. Manchmal ging es nicht weiter, und sie mußten lange in dem Eiswasser stehenbleiben. Dann war vorne
etwas passiert, aber die Wagen durften nicht auffahren,
weil die Eisdecke schon zu dünn war. Man hörte Rufe
durch die dunkle Nacht dringen. Von den Wagen, die
Schwerverwundete mithatten, war das Stöhnen zu hören.
Und sie mußten stehen und warten, umgeben von Dunkelheit und Gefahr.

„Mutter", sagte Günter in ihr schweigendes Warten hinein, „hier ist dunkle Nacht. Irgendwo auf der Welt ist jetzt
Tag."

„Ja", fügte die Mutter hinzu, „da scheint die Sonne. Die
Menschen reden und lachen. Und von uns wissen sie
nichts."

Als endlich die Morgendämmerung das Dunkel der
Nacht wegzog, war alles noch schwerer. Nun war erst das
ganze Elend der Nacht sichtbar. Und Günter gewahrte mit
seinen scharfen Augen noch etwas, das er der Mutter ver-
schwieg. Ganz klein, wie mit einem Stift gezeichnet, sah er
Gestalten in gleichem Abstand von der anderen Seite her
über das Eis kommen. Jede hielt schräg vor sich eine Ma-
schinenpistole. Eine russische Schützenkette kam in der
Ferne auf die Nehrung zu. Was bedeutete das für sie? Was
würde geschehen?

Als sie das Ufer der Nehrung erreichten, erfuhren sie von der Anordnung, daß die Treckwagen erst einmal nicht an Land dürften. Die Nehrungsstraße mußte für die ziehende Wehrmachtskolonne freigehalten werden. Die Mutter und er als Fußgänger durften an Land. Sie nahmen ihre Rucksäcke vom Wagen und bedankten sich für die Hilfe beim Weg übers Eis.

„Gott stehe Ihnen bei", sagte die Mutter zu der Frau und verneigte sich. Jetzt erst gewahrte Günter, daß die Frau hochschwanger war.

Sie beide machten sich auf den Weg nach Kahlberg. „Mutter", rief Günter erschrocken. „Die ziehen ja andersrum!" Er wies auf die Straße. „Ja, wer weiß, was richtig ist. Wir ziehen nach Danzig und die nach Pillau. Sie hoffen wohl auf ein Schiff. Aber man weiß nicht." Kahlberg, der Ort der Sommerfreude und des Ferienglücks. Wie sah es jetzt da aus. Zerfahren, zerstampft die Straßenbänder, der Ort Sammelpunkt des ganzen Elends. Günter und seine Mutter irrten umher, kamen dabei an eine Stelle, wo Suppe ausgeteilt wurde. Ganz langsam löffelten sie die Graupensuppe, die erste warme Speise seit drei Tagen. Nach der schlaflosen Nacht auf dem Haff hatten beide ein solches Verlangen, sich diese Nacht irgendwo unter ein bergendes Dach zu legen, wo man nichts hörte und nichts sah. Doch wo sie auch nachfragten, jeder Platz war von Flüchtenden belegt, die genauso erschöpft waren wie sie. Ihre letzte Hoffnung war die Schule. Aber da war der Offiziersstab einquartiert, und die Klassenräume waren für Schwangere und Mütter mit Kleinkindern.

„Dreiundzwanzig Kinderchen haben wir letzte Nacht rausgetragen", berichtete die Frau, mit der die Mutter sprach. „Ob später, wenn wieder Frieden sein wird, die Menschen daran denken werden, was hier geschah und daß überall Gräber sind?"

Die Mutter und Günter suchten vergeblich weiter, bis er das Feuer am Waldrand entdeckte. „Komm, Muttchen, da brennt ein Feuer. Bißchen warm wird schon sein." Um das Feuer herum saßen schon andre, die auch keine Bleibe gefunden hatten oder deren Wagen nahe im Wald standen. Nach der langen Fahrt über das Eis, durch das Eiswasser, waren die Tiere so erschöpft, daß sie nicht weiterkonnten. Am Feuer stand ein alter Landser und legte Holz nach, das Kinder aus dem nahen Wald heranschleppten. Wenn er die Kiefernzweige nachlegte, entflammten sie aufsprühend und beleuchteten die Gesichter mit ihrem rotgoldnen Schein. Mutter und Sohn setzten sich dicht ans Feuer, und bald spürten sie auch, wie sich ihnen die ausströmende Wärme wohltuend auf Gesicht, Arme und Beine legte. Ruhe kam über sie und eine große Müdigkeit. Hier saßen sie nun, der Gefahr der letzten Nacht auf dem Eis entronnen. Daß die Gefahr noch nahe genug war, daran gemahnten die Geschosse, die von drüben kamen, über ihre Köpfe hinwegflogen und hinter ihnen im Wald krachend die Bäume zersplittern ließen. Doch ihr Platz schien im Moment noch sicher zu sein. Die Geschoßlinie lag etwas höher. Und auf diesem Weg der Gefahr galt immer nur das, was einen ganz körpernah bedrohte. Weiter konnte und mochte man seine Sorge und Angst nicht aussenden.

Und über allem stand der Nachthimmel weit und dunkel mit seinen glänzenden Sternen. Groß war der Wagen zu erkennen. Über dem Wahnsinn des Krieges stand das ruhige, Ehrfurcht erweckende Bild des bestirnten Himmels. Nahm er keinen Anteil? Oder wies er über die Schrecken und Verirrungen der Menschen auf etwas hin, das die Menschen in ihrer Verblendung nicht mehr wahrnahmen?

Zwei alte Männer setzten sich neben sie, die zu einem Treck gehörten. „Hätten sie doch lieber mich mitgenommen", klagte der eine. „Was is' schon noch mit mir. Aber die Grete. Nun sind die kleinen Kinder mit der Oma alleine geblieben."

„Dich wollten sie ja nicht", sagte der andere, „die Frau wollten sie." Günter wunderte sich, daß diese Worte wie eine Feststellung kamen. Er sah zur Mutter hin. Die schien nichts gehört zu haben, war wohl mit ihren Gedanken ganz woanders. Er wußte nun, daß die Russen in der Nacht hier gewesen waren und Frauen mitgenommen hatten. Ob es die waren, die er als Schützenkette übers Eis hatte kommen sehen?

Wie um sich in der trostlosen Umgebung und dem bodenlosen Dasein einen Halt zu geben, nahm die Mutter ihre Tasche vor, die sie die ganze Zeit am langen Riemen über der Schulter getragen. Sie war ein Stück von zu Hause, etwas, das zu ihrem bisherigen Leben, das jetzt wie abgeschnitten schien, gehörte. Sie begann in der Tasche zu kramen.

„Sieh mal, Günterchen, die hab ich auch eingesteckt. Die Bilder, als du noch klein warst. Und hier, die von Oma und Opa. Und unser Häuschen, der Birnbaum blüht grade. Den Kaufvertrag hab ich auch. Kannst wissen, ob man den braucht? Ja, ja, und unser Sparbuch und das Stammbuch. Da steht alles drin. Von Oma und Opa auch. Ja, und unsre Lebensmittelkarten. Aber wo sollst hier was kaufen. Und kuck mal!" Zu Günters Erstaunen holte sie Opas vergoldete Taschenuhr hervor und klappte den Deckel auf.

„Da ist Kaisers Bild eingraviert. Opapa bekam die Uhr als Auszeichnung. Für irgendwas. Ich weiß nicht was. Jetzt gehört sie Vater und du erbst sie mal."

Mit einem versonnenen Lächeln steckte sie das Erinnerungsstück wieder in die Tasche. Seit Beginn ihres Fluchtweges hatte Günter sie nicht mehr lächeln sehen. Es machte ihn so ruhig und irgendwie froh. Er lehnte sich nach hinten an seinen Rucksack und schloß vor großer Übermüdung die Augen. Auch die Mutter tat es ihm nach. Ihre Füße mit den nassen Schuhen streckte sie der wärmenden Glut entgegen. Sollten sie trocknen.

Im Halbschlaf hatte sie schon den brenzligen Geruch bemerkt, als der Junge sie anstieß. „Muttchen, deine Schuhsohlen!"

„Ach du meine Güte!" Sie fuhr hoch und befühlte die angesengten Sohlen. Zu nah hatte sie ihre kalten Füße der Wärme entgegengestreckt. Würden die Schuhe den Weitermarsch aushalten?

Andere Menschen saßen jetzt um das Feuer herum. Daran merkte sie, daß sie wohl eine ganze Zeit in den Schlaf versunken gewesen war. Der alte Landser unterhielt weiter das Feuer, das jetzt still vor sich herglühte. Wieder sauste ein Geschoß pfeifend über sie hinweg. Sie faßte zur Seite nach ihrer Tasche. Die Tasche war weg. Entsetzt sprang sie auf, drehte sich suchend im Kreis um sich selbst und schrie auf:

„Mein Tasch! Mein Tasch is' weg mit allem drin. O Gott, o Gott! Mein Tasch!" Alle sahen zu ihr hin. Einige gingen suchend den Boden ab. In dem Gesicht des alten Landsers war Mitgefühl zu lesen. Viel hatte er in seinem Landserleben erlebt und gesehen. Aber der Verzweiflungsschrei der Frau auf dem ungewissen Weg der Flucht erbarmte ihn sehr. Mit einem großen Ast im Feuer herumstochernd sagte er in trauriger Nachdenklichkeit: „Die Menschen, ja, die Menschen, sie wissen nicht, was sie tun." Er schob den Ast tiefer in die Glut. Hell stoben die Funken auf, durchglühten das Dunkel und fielen wieder zusammen. –

Es war noch lange nicht das Ende ihres Leidensweges, wie mir der Sohn von Frau Minuth erzählte. Aber das Erlebnis mit der Tasche hatte sich bei der Mutter tief eingegraben. Diese Tasche mit den Andenken und Erinnerungsstücken und Urkunden hatte auf dem Weg der Flucht für sie ein Stück aus dem bisherigen Leben bedeutet. Die Tasche war für sie wie ein Bindeglied gewesen, zwischen dem verlorenen Leben und dem, das da noch im Dunkel einer unsichtbaren und nicht erfaßbaren Zukunft lag.

Nun war da ein Loch. Ein Band war zerrissen.

Wenn ich später Frau Minuth mit ihren guten Augen vor mir sah, mußte ich daran denken, was diese Augen verdunkeln konnte und was sich in der Tiefe ihrer Seele festgesetzt hatte und sie bisweilen ängstigte.

Und ich muß auch an die Vielen denken, die still und unbeachtet von der Öffentlichkeit in unserem Land eine Wunde oder Narbe mit sich herumtragen, die von dem schweren Weg aus der alten Heimat stammt.

Masurenteppich

Web, Schiffchen, web
zieh den Faden durch die Kette
selbstgefärbte weiche Wolle
web die bunte Hochzeitsdecke
grün wie unsre Maienwiese
gelb wie unsre Dünenkette
blau wie unsre tiefen Seen.
Web, Schiffchen, web
an der schönen bunten Decke.
Bald wird sie das Brautbett schmücken
wird den jungen Leib bedecken
junger Liebe großes Glühen
große Macht der großen Woge
Roter Mohn und rote Rose
sollen in der Ranke blühen.

Web, Schiffchen, web
weiße Farbe in die Kette
Trauerfarbe unsrer Väter.
Wagenräder werden rollen
durch verschneite Straßenbänder
unsres heißgeliebten Landes
durch des Krieges Flammenzucken
durch verrauchte Trümmerdörfer.
Warme, weiche, bunte Decke
soll den hohen Leib bewärmen
in der Eisnacht auf dem Haffe
auf der abgebrochnen Scholle.

Web, Schiffchen, web
dunkles Rot der großen Schmerzen
tiefes Schwarz der schweren Nächte.
Aus dem Wagen mit der Decke
wird ein dumpfer Schrei gestoßen.
Schwer gepreßt und schwer im Pressen
wird ein Kind zur Welt gezwungen.

Wird nicht lang im Arme liegen
niemand wird sein Bettchen wiegen
muß sein Bett am Wegrand finden.
Web, Schiffchen, web
eine kleine weiße Blume
für das kleine Neugeborne
das zu schwer die Welt empfing.

Weiter werden Räder rollen
irgendwo wird angekommen
Decke wird herabgenommen
und vor alte Tür gehängt.
Jeder wird sie heben müssen
der die Schwelle überschreitet
zu der kleinen Bodenkammer.
Herz wird klopfen, täglich beben
– Wird die bunte Decke heben
lieb Vertrauter, lang Vermißter –

Web, Schiffchen, web
braune Farbe in die Kette
Farbe frisch gepflügter Felder.
Auch im neuen Lande wird der Frühling
wird der Sommer wiederkommen
wird das Korn am Halme reifen
wird die Frucht zur Erde fallen
Jahr um Jahr und immer wieder.
Und die alte Hochzeitsdecke
wird vorm Bett die Füße wärmen
Stück der Heimat, Stück vom Leben.

Web, Schiffchen, web
web das End' der Lebensdecke
setz ein kleines gelbes Sternchen
in das tiefe Blau des Himmels.
Web, Schiffchen, web –

Masurenteppich von 1781, nachgewebt von Helga Nolde

Advent in der kleinen Landschule

Draußen schneit es. Nicht weiß und hellflockig, die Kinder zu Winterfreuden nach draußen lockend. Schlackerschnee fällt vom Himmel, liegt naß und schwer auf dem Boden des Schulhofes. In der Pausenhalle ist ein munteres Treiben. Wir haben die Türe des Lehrerzimmers zugemacht, wollen uns etwas aus dem Kindertrubel zurückziehen. Die Kinder wissen ja, daß sie jederzeit zu uns kommen können. Kaffeeduft durchzieht den Raum. Meine junge Kollegin zündet die Kerze im Adventsgesteck an. Es ist Zeit für ein kleines Gespräch, um Gedanken über die Kinder auszutauschen.

Unsere Schüler in dieser zweiklassigen Dorfschule sind ein buntes Völkchen. Da sind einmal die Kinder der angesessenen Moor- und Heidebauern und dann die Schar der Kinder, die der kalte Ostwind nach dem Krieg hierher geweht hat. Sie haben die Schülerzahl um das Doppelte anwachsen lassen. Am 6. Dezember aber, am Nikolaustag, ziehen sie vereint von Tür zu Tür, halten ihre kleinen Beutel auf und singen alle gleich gut im hiesigen Platt ihr Lied.

> Sunner-Klaus, de grote Mann,
> kloppt an alle Dören an,
> lüttje Kinner bringt he wat,
> grote steckt he in'n Sack...

Der große Jürgen kommt herein und holt die Streichhölzer. Der langaufgeschossene Junge, nur er kann es, nur er reicht heran, will die drei Kerzen am Adventskranz anstecken. So weit sind wir schon in der Adventszeit, so nahe den Tagen der Weihnacht. Der große Adventskranz hängt in der Pausenhalle an einem Haken von der Decke herunter. Wir haben ihn mit den Kindern selbst gebunden.

In der Woche vorm ersten Advent begann schon die freudige Vorbereitung. „Wer holt Moos aus dem Wald für die Krippe? Wer besorgt die Tannen für den Adventskranz?" Die Kinder überbieten sich. „Ich!" „Wir, wir, in diesem Jahr sind wir dran!"

Am nächsten Morgen, als ich zur Schule komme, steht

41

schon eine Schar Kinder erwartungsvoll vor der Türe. „Darf ich aufschließen?" Freds Stimme ist voll Verlangen. Als ich ihm den Schlüssel reiche, sehe ich, daß er ganz dreckige Hände hat. „Aber Fred, – mit diesen Pfoten in die Schule?" Verständnislos sieht er mich an. „Aber, wir haben doch gestern Tannen geholt!" Nun, dagegen kann man nichts einwenden.

Nachher sitzen wir im Klassenraum. Die Tische sind an die Wand gerückt. Einige Kinder schneiden Tannen zurecht, andere reichen sie mir zu. Es duftet nach Tannen, nach Wald und nach Weihnachtszeit. Alle vorweihnachtlichen Lieder, die wir kennen, erklingen. Als ich für mich leise die Melodie eines ostpreußischen Liedes summe, fragen die Kinder: „Das kennen wir nicht. Wie geht das?" Und ich singe ihnen das traute, heimelige Lied von Erminia von Olfers-Batocki vor.

Schloap in, min Kind, de Stoaw is warm,
doa bute danzt de Flockeschwarm.
Lot suse de Flocke,
so rasch jeit de Wocke,
Du schläppst – ek spenn –
de Oawend jeit hen.

Schloap in, min Kind, ek wach bi di.
De Wiehnachtsschemmel joagt vorbi.
Lot larme de Schemmel!
Gotts Licht steit am Hemmel!
Du schläppst – ek spen –
de Oawend jeit hen.

Schloap in, min Kind, bunt is din Droom.
Rod Appel waßt am Wiehnachtsboom.
Singt bute de Wind,
ek sing far min Kind.
Du schläppst – ek spenn –
de Oawend jeit hen.

Schloap in, min Kind, 't is hillje Nacht.
Gotts Engelke di stell bewacht.
Dat glucht mit sin Lichtke
di jrad ent Jesichtke.
Du schläppst – ek spenn –
de Wiehnacht jait hen.

Dabei binde ich weiter den Kranz über einen großen
Fahrradreifen, lege Tannenbündel über Tannenbündel, welche die Kinder zureichen. Eine große, hellblaue Halbschür-
ze schützt meinen Rock. Diese Schürze bekam ich bald nach
dem Krieg geschenkt. „Die ist von meiner Tante aus Masuren", sagte die Geberin, „noch zu Hause auf dem eigenen
Webstuhl gewebt. Einfaches Bindegewebe, die Kette weiß,
der Schuß blau." Es muß ein druggeliges Tantchen gewesen
sein, denn die Schürze ist mir viel zu weit. Doch damals war
man froh über jedes Stück. Inzwischen ist sie abgetragen,
doch noch gut für diesen Zweck. Vor Jahren hatte ich sie
auch um, als die junge neue Kollegin das erste Mal die Schule betrat. „Das Bild werde ich nie vergessen", sagte sie mir
später. „Wie Sie da zwischen den Kindern saßen und den
Kranz flochten, mit dieser großen Schürze um." – „Die ist
noch aus Masuren", teilte ich bedeutungsvoll mit.
    Ja, und nun hängt wieder der große Adventskranz unter
der Decke im Flur. Jeden Morgen flackern die Lichter den
Ankommenden entgegen. „Adventszeit in der Schule."
Ich weiß, daß in manchen Familien wenig von der Adventszeit zu spüren ist. Darum freuen sich die Kinder,
wenn wir am Wochenende und am Wochenanfang im
Kreis unter dem Kranz stehen, seinen Duft atmen, Flöten-
musik hören, den Klang der Orffschen Instrumente, Lieder und Gedichte. Von der Vorbereitung darauf in ihrer
Klasse erzählt nun meine Kollegin.
    „Denken Sie, Gerda, die nur Platt sprach, als sie zur
Schule kam und so schüchtern war, hat sich heute ganz frei
vor die Klasse gestellt. ‚Ich kann ein Gedicht für unsere
Adventsfeier.' Ausdrucksvoll sprach sie das beliebte plattdeutsche Gedicht.

Nu kiek ins, wo is de Häwen so rot!
Dat sund de Engels, se backt dat Brot,
Se backt den Wiehnachtsmann sien Stuten
For all de lüttjen Leckersnuten.

,Hat mir Oma beigebracht', sagt sie etwas verschämt und setzt sich. Da kommt doch Karlchen Rimkus nach vorne, macht so ein feierliches Gesicht, wie vorhin Gerda, und sagt:

Kadreits Katz, mit seinem Zagel,
lieber guter Weihnachtsmann,
gib daß mang de Hausentüre
ich dem Aas beklemmen kann.

Sieht mich mit großem Augenaufschlag an und sagt: ,Hat mir mein Omchen beigebracht', und setzt sich. So ein Schlingel!" „Ein Lorbaß ist er!" sage ich.

In unser Lachen hinein klopft es. „Herein!" rufen wir gleichzeitig. Das Klopfen wird stärker. Die Unruhe draußen übertönt das „Herein!" Ich geh zur Tür und öffne. „Ja, was ist?" – „Ich wollte nur sagen", druckst Hans herum, „entschuldigen Sie bitte, die Störung. Ich wollte nur sagen, der Adventskranz brennt."

Mit einem Satz sind wir beide draußen. Die junge Kollegin springt hoch und reißt den brennenden Kranz aus der Halterung. Auf den Steinfliesen zertreten wir heftig die Flammen.

Da liegt er nun, unser schöner Adventskranz, verbrannt und zertreten. Beklommen stehen die Kinder herum. Im Gesicht der kleinen Gerda arbeitet es. „Und mein Gedicht?" Ihre Lehrerin tröstet sie. „Es ist doch die letzte Vorweihnachtswoche. Da wird doch die Weihnachtskrippe aufgebaut, die die Schulkinder aus Ton gearbeitet haben. Du weißt doch, dein Bruder hat doch den knieenden Hirten gemacht. Wir werden uns vor die Krippe stellen. Die Kerzen brennen, du sagst dein Gedicht und wir singen."

Vor den traurigen Überresten unseres Kranzes stehend, möchte ich den Kindern über den Schreck und den Verlust hinweghelfen und sage: „Er war ja schon recht trocken. Vielleicht hätten wir neue Kerzen aufstecken sollen. Es gibt ja bald Weihnachtsferien. Und im nächsten Jahr flechten wir wieder solch einen großen schönen Kranz."

Die junge Lehrerin sieht mich lächelnd an. „Und Sie haben dann wieder die große Schürze um, aus Masuren."

Karlchen strahlt uns an. „Da kommt mein Omchen her!"

Die Tür wird aufgemacht

Sie zündete die große Kerze am Weihnachtsleuchter an und setzte sich an ihren Schreibtisch. Weihnachtspost wollte sie lesen und beantworten. Und sie würde an die Menschen denken, die ihr in ihrem Leben viel bedeutet hatten, die ihr Leben irgendwie bestimmt, die mit ihrem Leben verwoben waren. Da war mancher, den sie nur noch in der Erinnerung suchen konnte, den der Krieg mit seinem kalten Eiswind unbarmherzig hinweggefegt hatte. Aber da waren noch gute Freunde aus Kindheit und Jugend, die nun weit verstreut wohnten, entfernt im Süden und Osten des Landes und in anderen Erdteilen. Sie zog den Brief ihrer alten Schulfreundin hervor, die nun in Kanada lebte. Dieser hatte sie wohl wirklich eine Weihnachtsfreude bereiten können. Jedes Jahr buk sie von einigen Pfund Mehl Thorner Katharinchen, die zu Hause auf keinem Bunten Teller hatten fehlen dürfen, und legte sie in die Weihnachtspäckchen. Sie lächelte, als sie las: „Du hast mir Katharinchen geschickt. Oh, dieser Duft aus Kindheitstagen. Weihnachten zu Hause, Weihnachten in der alten Stadt, alles sehe ich vor mir. Weißt du noch, wie wir . . .?"

In ihre Erinnerungsgedanken hinein klingelte es, hart und langgezogen. Jetzt? Am Weihnachtsabend um halb zehn? Zögernd stand sie auf und ging zur Tür. Als sie öffnete, stand eine dunkle Männergestalt vor ihr. Der Pole! durchfuhr es sie. Sie kannte ihn. Drüben beim Friedhof wohnte er, in dem kleinen Siedlungshaus. Wohl seit einem Jahr war er da und arbeitete als Gemeindearbeiter des kleinen Ortes. Sie sah ihn oftmals auf dem Friedhof, wenn sie das Grab ihres Mannes besuchte. – Nie grüßte er. Nie sah er von seiner Arbeit auf. Finster und verschlossen war sein Gesicht, wenn er grub, pflanzte oder die langen Wege harkte.

Was wollte er von ihr? Jetzt, am Weihnachtsabend?

Sie sah ihm ins Gesicht und bemerkte den wässrigen Glanz in seinen Augen. Schnapsgeruch schlug ihr entgegen. Da fiel bei ihr eine Klappe zu. Betrunkene, Angetrunkene waren ihr zuwider. Langsam wollte sie die Türe wieder schließen. Da bemerkte sie mit Erstaunen, wie sich über sein sonst so dunkles und mürrisches Gesicht ein freundlicher Schein breitete, ein kleines verlegenes Lächeln. Sie sah, wie er in die Seite seiner Joppe griff und einen kleinen Strauß hervorholte, den er dort verborgen gehalten hatte. Es waren helleuchtende Christrosen mit dunklem Tannengrün gebunden. Etwas schwankend hielt er ihr den Strauß hin. „Für Ihnen. Zu Weihnachten!"

Das war so überraschend für sie. Dieses freundliche Gesicht, die etwas hilflose, sie rührende Gebärde, mit der er ihr das Sträußchen hinhielt, daß sie spürte, wie sich etwas in ihr öffnete. Sie hörte sich sagen: „Treten Sie doch ein." Doch dann war es ganz aufrichtig, als sie sich für das Sträußchen bedankte und ihn nötigte, im Wohnzimmer Platz zu nehmen. „Warten Sie", sagte sie schnell, „ich werde Ihnen erst einmal einen starken Kaffee machen."

Als sie dann zusammen saßen und sie ihn nach seinem Leben fragte, da wurde ihr klar, daß er sich für diesen Besuch erst einmal hatte Mut antrinken müssen. Sie erfuhr, daß er aus der Kaschubei stammte, aus der Nähe von Danzig. Der Vater, ein Kaschube, war von einer Granate getroffen in den letzten Kriegswochen, als die Stalinorgel ihre Geschosse über das Land jagte. Die Mutter und er hatten ihn auf dem Hof begraben, unter dem alten Birnbaum. Und die Mutter?

„Meine Mutter? Die war eine Deutsche, hier aus Schleswig-Holstein. ‚Nach Hause gehn wir, Jungchen, nach Hause', hatte sie gesagt, als wir beide loszogen. Darum wollte ich auch hierher, in die Nähe von Schleswig."

„Haben Sie hier Verwandte von der Mutter gefunden?"

Er schüttelte den Kopf. „Ich weiß doch nichts. War doch noch ein Junge, als die Mutter mit mir wegging. Nach Westen, tagelang."

„Und wo ist Ihre Mutter? Wo blieb sie?"

Er ist ein Weilchen still in sich gekehrt und sagt dann: „Die Mutter, ach die Mutter. Wir waren noch nicht weit, da sagt sie einen Tag: ‚Jungchen, wart. Geh ich Brot holen, was zu essen', und kam nicht mehr." Mit der Hand macht er eine unbestimmte Bewegung. „Liegt wohl irgendwo unter der Erde. Und ich, ich kam in Polen in ein Waisenhaus. War nicht gut."

Sie schweigen eine Weile, und dann fragt die Frau: „Wie ging Ihr Leben weiter? Sie sind doch noch nicht lange hier?"

Seine Augen werden dunkel und glänzend. Sie sieht, wie seine Schultern beben. Beruhigend legt sie ihre Hand auf seine harte, verarbeitete Hand und wartet. Stoßweise kommt es hervor.

„Ich, ich war im Gefängnis, in Polen." Wieder schütteln die Schultern und gequält sagt er: „Und ich weiß nicht warum."

Als er sich etwas beruhigt hat, sagt sie, um ihn etwas aufzurichten: „Und nun sind Sie im Land Ihrer Mutter und haben Arbeit gefunden."

Er nickt, hebt seinen Kopf und sieht voll zu ihr auf. Dieses von Falten und Furchen durchzogene Gesicht ist auf einmal ganz entspannt, sieht viel jünger aus, als vordem. – Hinter diesem dunklen Gesicht der Fremdheit verbirgt sich ein verwundeter Mensch, denkt sie. So könnte es sein, dieses Gesicht, wenn das Leben ihm nicht soviel genommen hätte. Wenn er das Wissen gehabt hätte, da gehörst du hin, da meint man es gut mit dir.

Als er geht und sich verabschiedet, hebt er ihre Hand zum Handkuß hoch und sagt: „Wenn Sie mir nicht die Türe aufgemacht hätten, mich nicht reingelassen, ich, ich hätte mir was angetan."

Diese Erzählung endet nun nicht mit einem Schluß, der eine unerwartete glückliche Wendung verspricht, rührend ist und an der Lebenswirklichkeit vorbeigeht. Es entwickelte sich zwischen diesen beiden Menschen keine nahe Lebensbeziehung. Dafür waren beide zu verschieden in ihrem Lebenskreis. Nein, es war viel einfacher und darum wirklicher. Und doch war von der Begegnung am Weihnachtsabend ein kleiner Lichtschein auf einen bisher dunklen und verkrümmten Weg geworfen.

Wenn sie sich nun sahen, im Ort oder auf dem Friedhof, grüßten sie sich. Der Mann blickte auf, was er vorher nie getan hatte, und sah ihr entgegen. Sie blieb oftmals bei ihm stehen, und sie sprachen miteinander. Von den kleinen Dingen des Alltags, die so wichtig sind und die man gerne einem anderen mitteilt.

Und eines Tages fing der Mann an, auch die anderen Menschen zu grüßen, wie es im Ort üblich war. Und da die kleinen Begegnungen mit der Frau aufgefallen waren, fingen sie an, ihm einen Gruß, ein Wort zuzurufen, wie sie es untereinander taten. Die Fremdheit wich. Das machte sie bereit, in sich eine Türe aufzumachen, die den anderen einläßt. Sie begannen, miteinander zu sprechen. Es hieß nun nicht mehr im Ort – „da geht der Pole." Jetzt sagten sie zueinander: „Sieh, da kommt der Josef!"

Und so war in dessen Leben eine Veränderung gekommen, weil jemand am Weihnachtsabend seine Türe aufgemacht hatte.

Aber war es nicht der Josef, der kam und anklopfte?

Die Weihnachtsgeschenke

Am Telefon:

„Dein Weihnachtspäckchen? Ja, es ist gut angekommen. Ach, es waren ja so viele Geschenke zusammengekommen. Micha war ganz übergedreht. Zum Schluß riß er nur noch die Papiere von den Päckchen."

„Hat er sich über meine Holzeisenbahn gefreut? Ich dachte, in seinem Alter wäre es das Richtige."

„Ach ja, die Holzeisenbahn ist nett. Sie rollt so gut. Und die roten Räder fand Micha toll. Es war die dritte Eisenbahn, die Micha zu Weichnachten bekam."

Nachdenklich legte ich nach dem Gespräch den Telefonhörer auf.

1946 – Heiligabend.

Laut und schrill hallte die Fabriksirene durch die Werkhallen der großen Möbelfabrik. Die Räder der Maschinen schwangen aus. Nach dem lauten Maschinenlärm betäubte die plötzliche Stille. Nur das schleifende Geräusch des Handfegers, mit dem der alte Fittchen seine Schleifmaschine abfegte, war noch zu hören. Der stille Mann, immer von Schleifstaub ganz grau, seine Lunge hatte schon lange etwas abbekommen, meinte väterlich, er müßte mich in der mir fremden Umgebung etwas betreuen. Er legte den Handfeger beiseite und rief mir zu: „Na, min lütt Deern, nu wüllt wi mal!" Auch ich hatte meine Werkbank aufgeräumt und die Schnitzeisen in der Schublade verwahrt. Da konnten sie jetzt zwei Tage ruhen, denn es war Heiligabend und die Feiertage folgten. „Na, nu kumm man", sagte der Alte und ging voran. Von allen Seiten strömten die Angestellten freudig erregt in die große Halle. Nicht, daß uns da eine Weihnachtsfeier erwartete. Nein, weil Weihnachten war, durfte jeder zwei von den in der Fabrik für diesen Zweck hergestellten Holzdingen erwerben. Ich freute mich so darüber, als hätte ich ein Glückslos gezogen. Alles, was sonst in der Fabrik hergestellt wurde, ging nach Amerika oder wurde an die Besatzungssoldaten verkauft. So auch die von mir geschnitzten Holzteller für eine Stange Zigaretten im Wert von Tausend Mark. Der Stundenlohn dagegen betrug siebenzig Pfennig.

„Da, den Nähkasten möchte ich haben!" rief ich gleich aus, als ich die Sachen sah. Man konnte ihn nach beiden Seiten ausziehen und die oberen Fächer waren unterteilt. Nun hatte ich ein wunderbares Geschenk für meine Mutter, dazu noch ein unerwartetes. „Und die Holzeisenbahn möchte ich!" Die Lokomotive zog zwei Kipploren, und alles war sehr stabil gebaut. Da kann sich unser kleiner Udo auch mal draufsetzen, dachte ich und sah meinen kleinen Neffen vor mir, der mit seinem Kinderdasein, besonders für meine alten Eltern, einen hellen Schein auf das mühsame Nachkriegsdasein legte. Was wird der für Augen machen? Schob er doch bisher seine Bauklötzchen als Eisenbahn durchs Zimmer. Nirgendwo sonst konnte man in diesem zweiten Nachkriegswinter solche Dinge erwerben. Verschlangen sie auch meinen halben Monatslohn, und der reichte oft nicht für das Nötigste, so hüpfte doch mein Herz in Lämmersprüngen vor Freude. Nicht schnell genug konnte ich mich auf meinen Heimweg machen.

„Fröhliche Weihnachten!" rief ich Fittchen beim Weggehen zu.

„Fröhliche Weihnachten. Un kumm man god wedder trüch", rief er zurück.

Auf meinem eiligen Weg zum Bahnhof wurde ich dann doch auf der Weserbrücke von einem vertrauten Bild festgehalten. Die Weser führte in diesem kalten Winter Eisschollen. Nicht so große und dicke wie in Königsberg, wenn der Eisbrecher die Pregeldecke durchbrochen hatte. Doch war es ein mich fesselndes Bild, wie die Schollen auf- und niederwippten, sich stießen und drehten und mit der Strömung weitertrieben. Ich vergaß ganz, wo ich war. Doch kein Schloßturm grüßte zu mir herüber, als ich wieder aufsah.

Auf dem Bahnsteig standen die Menschen dichtgerammelt, und als der Zug in Richtung Hamburg einfuhr, schob und drängte sich die Masse in die Abteile. Eingekeilt in die Menge wurde ich durch die Nachdrängenden mithineingeschoben. Doch das Dicht-an-dicht-stehen hatte auch sein Gutes. So wärmte sich Mensch an Mensch im kalten Zug. Eine und noch eine Stunde standen wir so, und der Zug fuhr nicht los. Eine Frau, die mir am nächsten stand, kramte aus der Tasche ein Stück Brot und begann es langsam zu verzehren. So, wie wir alle damals aßen, um ein Sättigungsgefühl zu verspüren. Bei diesem Anblick jedoch verspürte ich, wie sich mein leerer Magen zusammenzog. Die Frau ahnte wohl, was in mir vorging. Noch einmal griff sie in die Tasche, holte ein Stück Brot hervor, sah mich freundlich an und reichte es mir wortlos. Wie ein Weihnachtsgeschenk war mir dieses Stück trocken Brot. Eines von den unerwarteten Gaben, die aus gutem Herzen kommen und das eigene warm machen. Ich erfuhr, daß die Frau in Bremen ausgebombt war, jetzt auf dem Lande wohnte und noch keine Zuzugsgenehmigung erhalten hatte. In unser Gespräch dröhnte der Lautsprecher. „Alles aussteigen! Maschinenschaden! Ein Zug in Richtung Hamburg ist auf Gleis sieben bereitgestellt." Alles stürzte und drängte aus den Abteilungen, jagte mit dem Gepäck, mit Koffern, Taschen und Beuteln die Treppe runter und die andere hoch, schob und quetschte sich neu in die Abteile. Dabei verlor ich die Frau aus den Augen. Und wieder vergingen zwei Stunden, ehe sich der Zug am Heiligabend mit den verfrorenen Menschen langsam in Bewegung setzte.

Als ich in Ottersberg aus dem Zug stieg und mich auf den Weg nach Everinghausen machte, lag winterliche Dunkelheit über dem Land. Am Anfang des Weges standen noch einige Häuser, aus denen warmes Licht auf die Straße fiel. Was spielte sich wohl jetzt am Heiligabend in den Häusern ab? Ob die Menschen, die darin lebten, wußten, was es in dieser Zeit bedeutet, das Zuhause behalten zu haben? Bald hörten die Häuser auf und Buschwald stieß rechts und links an den Weg. Allein zog ich meine Straße in der Dunkelheit der Nacht, die die Nacht der Weihnacht war. Und schien auch kein Stern mit hellem Gefunkel auf meine einsame Wanderschaft, so wurde mir doch ganz froh ums Herz, wenn ich daran dachte, daß auch ich bald, nicht die Türe einer wohlgeordneten Häuslichkeit mit ihren Weihnachtsvorbereitungen, doch die Türe zu unserer Bodenkammer aufklinken würde und in Helle und Wärme bei meinen Lieben wäre. Die zweite Weihnacht fern der Heimat würde nicht mehr so schwer wie die erste sein. Immer ist das erste Fest nach einem Verlust das Schwerste. Und dann war da noch die große freudige Erwartung in mir, wenn ich an das überraschte Gesicht meiner Mutter dachte und an das glückliche Kindergesicht meines kleinen Neffen, wenn ich meine Geschenke übergeben würde. Und wie ich so weiter auf der Straße entlangwanderte, die in einer Richtung ins Moor führte und abbiegend in die Wümmewiesen, der kein weißleuchtender Schnee die nächtliche Düsternis nahm, da war mir doch, als ginge ich einem Licht entgegen, dem hoffnungsvollen, erwärmenden Licht der Weihnacht.

Vom Wiesenweg aus konnte ich dann schon den einsam gelegenen eichenumstandenen Bauernhof sehen. Seine Fensterlichter spähten traulich in die Dunkelheit, als wollten sie sagen: „Es ist Heiligabend. Komm, du wirst erwartet."

Froh, nach dem langen Warten auf dem Bahnhof und dem weiten Weg nun angekommen zu sein, durchquerte ich die Viehdiele, hörte das Kettengerassel der Kühe, nahm den Geruch nach Heu und Rübenfutter wahr, sah die Bauernfamilie durch die Glastüre friedlich in der Küche am Abendbrottisch sitzen und stieg die kleine schmale Stiege zum Boden hoch. Eine Türe wurde aufgestoßen, ein kleiner Jubelruf, der Kleine sprang mir entgegen. Die Eltern kamen zur Türe, und ich hörte sie erleichtert aufseufzend sagen: „Da bist du endlich." Und es war hell. Es war warm. Ich war zu Hause, das immer da ist, wo man erwartet wird.

Und die Geschenke? Ja, sie waren eine große Überraschung, eine unerwartete Weihnachtsfreude. Liegt nicht in einem unerwarteten Geschenk, das aus der Liebe kommt und auch so angenommen wird, ein Schimmer des Weihnachtsgedankens verborgen?

„So ein wunderbarer Nähkasten!" rief meine Mutter

aus. „Nun bekommen all meine zusammengesammelten Nähutensilien einen Platz. Jeder Faden und jeder Knopf ist ja kostbar in dieser Zeit. Dieser schöne Nähkasten ist ja fast ein Luxusgegenstand in unserer Flüchtlingswohnung." Und dann hörten wir ihr schönes helles Glockenlachen, das sie nicht verloren hatte. „Einen Kleiderschrank haben wir nicht, aber einen hochfeinen Nähkasten." Und das Kind? Der Kleine hüpfte überglücklich mit glühendem Gesichtchen auf einem Bein durchs Zimmer und rief zum wiederholten Male: „Wie freu ich mich! Wie freu ich mich, daß der Weihnachtsmann die Eisenbahn bei dir abgab."

In meiner Kammer steht heute noch auf einem Bord die alte, vom Spielen ramponierte Lokomotive. Ich habe sie durch alle Jahre von Umzug zu Umzug bewahrt. Sie könnte viel erzählen. Von einer vergangenen Zeit und von Kindern, die in einer ärmlichen Umgebung, doch in der Geborgenheit der Liebe der Familie aufwuchsen und die noch die große, die überwältigende Freude erleben konnten.

Die Weihnachtsgabe

Du hast mir Katharinchen geschickt
mit dem Duft aus Kindheitstagen.
Ein Duft der alte Erinnerung bringt
und den Lichtschein aus Weihnachtstagen.

Von der Weihnachtszeit in der alten Stadt
mit ihren Dächern und Türmen
mit dem Pregel und seinem Eisschollengang
mit Schneeluft und Winterstürmen.

Ich höre wieder den Weihnachtston
vertrauten Choral in den Gassen.
„Vom Himmel hoch" die Luft erfüllt.
Die Bläser durchziehen die Straßen.

Ich seh eine Tanne im Schneeglanzkleid
voll Lichtern am Münzplatz stehen.
Wir tragen Päckchen in Weihnachtspapier
und wollen nach Hause gehen.

Nach Hause zu gehn in der alten Stadt
hat uns das Schicksal genommen.
Nach Hause zu finden in Gottes Reich
ist zu uns die Weihnacht gekommen.

Doch immer gehört zu der Weihnachtszeit
zu dem Dank für die himmlische Gabe
der Erinnerung Bild und der Weihnachtsduft
und Vertrauen der Kindertage.

Buchsbaumduft –
Erinnerungsduft

Krutinna

Krutinna

deine Wasser
aus der Weite gekommen
masurischer Seen
mitgerissen Glanz
unzähliger Sommer
im gewundenen Hochuferbett
unter geneigten Bäumen
Krutinna
deine Wasser –

Aus glasklarer Helle
lockt rotrunder Stein.
Lichtgrüne Kronen spiegeln
smaragden und golden
behütenden Bogen und
haltenden Grund.

Hier in der Stille
lichtgrüner Helle
hier in der Helle
lichtgrüner Stille
nah dem Morgen
der Schöpfung
deine Wasser
Krutinna.

Buchsbaumduft

Auf der Krimhalbinsel, im Schwarzen Meer, liegt nahe bei Simferopol der alte Sultanspalast Bachtschissarei. Schon in dem Klang des Namens Bachtschissarei liegt etwas von dem Zauber von 1001 Nacht. Versunken ist die Zeit, da der Tatarenfürst hier seinen Hofstaat hielt und Haremsdamen die von Buchsbaum gesäumten Wege durchschritten. Heute sind die in gutem Zustand befindlichen Häuser und Anlagen den Besuchern als Museum zugänglich.

Und doch ergreift noch ein Zauber der vergangenen Zeit den Besucher. Die warme Luft in den Hofgärten, von den Gebäuden des alten Tatarenschlosses umgeben, ist süß und schwer. Es duftet aus einer Fülle von Blumen, Büschen und Hecken und aus den herabhängenden Zweigen eines Baumes mit fremdartigen großen Blütenkelchen. Die vielen Menschen, die sich in den Zaubergärten aufhalten, kaum westliche Touristen, sind wie von der sie umgebenden Atmosphäre gehalten. Frauen mit gutmütigen Gesichtern, ein Umschlagtuch um den Kopf, sitzen still und geduldig auf den Bänken. Männer, mit den gestickten Kappen aus Usbekistan auf dem Kopf, gehen in ihren langen Gewändern zwischen den buchsbaumeingefaßten Beeten hin und her. Es sind ganz andere Erscheinungen als die Russen, die in Jalta und Sotschi zu sehen waren, die zur Erholung, meist als Auszeichnung, ans Schwarze Meer gekommen waren, in eines der neuerbauten Heime oder in einen der zum Erholungsheim umgewandelten alten Paläste. Diese Menschen hier wirken in ihrem ruhigen Dasein wie zugehörig. Kamen sie wie ich, um den alten Sultanspalast zu besichtigen oder aus einem anderen, mir unbekannten Grund hierher?

Das eigentliche Museum zeigt Kostbarkeiten des alten Tatarenfürsten, Gewänder, Krummsäbel und kunstvolle Gefäße. Doch mehr noch interessiert die fremdartige Welt des Harems. Der große Aufenthaltsraum der Haremsdamen ist hell und freundlich. Durch die holzgeschnitzten Fensterverkleidungen, damit keine Einsicht von außen möglich ist, dringt mehr Licht, als man von draußen vermuten konnte. Die Wände entlang befinden sich gepolsterte Ruhebänke mit orientalischen Mustern. Davor stehen kleine dünnbeinige Tischchen mit metallgetriebenen und kunstvoll ziselierten Platten. Der kleinere Nebenraum dagegen ist sehr viel einfacher eingerichtet. Er war der Aufenthaltsraum der alten Frauen, der ehemals begehrten, der beiseite geschobenen. Sie mußten die jüngeren Frauen, die in der Gunst des Sultans stehenden, bedienen. Auch hatten sie sich in der freien Zeit nützlich zu machen und fleißig zu spinnen.

Spätestens hier überfällt einen das traurige Ahnen schwer zu bewältigender Schicksale. Kamen die Frauen mit ihrem Einverständnis in dieses Tatarenschloß oder gegen ihren Willen? Wie ertrugen sie ihr Leben, das Herausgehobenwerden, das Fallen, den Sturz in die Ungnade, das Abgeschobensein?

Als wäre es eine Antwort, befindet sich in der schattigen Ecke eines Innenhofes ein seltsamer Brunnen, der Tränenbrunnen von Bachtschissarei. Ein aufgerichteter, hellschimmernder Marmorstein hat an seiner Vorderseite kleine, handgroße Schalen. Aus ihnen tropft langsam das Wasser von einer Schale in die nächste, und wenn diese gefüllt ist, weiter in die folgende. Es ist wie ein Brunnen der nicht versiegenden Tränen.

Der große Poet Rußlands, Puschkin, besingt ihn in seinem Poem „An die Fontäne im Palast von Bachtschissarei" als Brunnen der Liebe.

> Zwei Rosen hab ich dir gebracht,
> Du wunderbarste der Fontänen,
> Von Liebe flüsternd Tag und Nacht,
> Versiegst du nie gleich Dichtertränen.

Einmal war es der Sultan selbst, der den Schmerz der vergeblichen Liebe erfuhr. Er hoffte, die Liebe von Maria zu gewinnen, der jungen schönen Polin, die das Schicksal hierher verschleppt hatte. Doch seine Werbung blieb ohne

Erfolg, denn Marias Sehnsucht nach der Heimat ließ keinem anderen Gefühl Raum. Sie verzehrte sich in ihrem Heimweh, berichtet Puschkin weiter in seinem Gedicht.

Der schönen Sprache Puschkins nachsinnend, gehe ich noch einmal durch die Gärten, sehe scharlachrotes Blumenglühen von tiefdunklem Blättergrün umgeben und atme wieder diese fremde süße Luft. Die intensive Wärme dieser Landschaft läßt die Düfte hier besonders berauschend und stark die Luft durchziehen. Und da steigt, als ich an einer Hecke stehenbleibe, ein Duft zu mir empor, den ich tief einatme und der mich schon einmal, vor langer Zeit, mit seiner Herbe und Süße besonders berührt hat. Doch wo war es? Und woher kommt jetzt dieser Duft? Er entströmt dem großen Strauch, neben dem ich stehe. Und nun erkenne ich an den kleinen dunkelgrünen rundlichen Blättern, daß es ein Buchsbaumstrauch ist, der schon viele Jahre alt sein muß.

Und da ist es, als hätte ich an einem Zauberring gedreht. Wie im Märchen von Tausendundeiner Nacht befinde ich mich auf einmal in einer ganz anderen Welt, die in starkem Gegensatz zu dieser steht, tausende von Kilometern von der Krimhalbinsel entfernt, in einem Land, das nicht weit von Marias Heimwehland liegt. Da war es, wo der Buchsbaumduft in mir eine Sehnsucht in die Ferne weckte. Und wieder erfüllt mich dieses Empfinden, das sich nun zurückwendet und in der Ferne das Land der Sehnsucht sucht. In traumhafter Wirklichkeit sehe ich die Bilder vergangener Tage.

Ich befinde mich in einem kleinen, herbstblumenbunten Bauerngarten, in einem Dorf im westlichen Ostpreußen. Neben mir steht ein Weidenkorb, den ich mit dem großblättrigen rauhen Kraut fülle, das verfüttert werden soll und das hier unter den alten Zwetschgenbäumen wächst. Die warme Herbstluft weht mir einen Duft zu, herb und süß zugleich, der mir fremd ist. Er kommt herübergeweht von den Buchsbaumeinfassungen der Beete im kleinen Vorgarten des alten Bauernhauses. Das alte Haus mit seinem tief heruntergezogenen Strohdach liegt da wie in die Landschaft hineingeschmiegt. Vom hohen Storchennest auf dem Giebel, Jahr für Jahr immer höher aufgebaut, flog der Adebar die grünsaftigen Wiesen an, bevor er sich im Frühherbst auf den Weg in den Süden machte. Eine alte Frau, die Oma hier, sitzt mit Klein-Jungchen auf dem Schoß in der grünen, mit Schmuckleisten verzierten Holzveranda vor der Eingangstüre. Sie läßt das Jungchen „Hoppa, hoppa, Reiter" machen. Ich höre ihre rauhe, brüchige Stimme:

> „Maikäfer flieg,
> Dein Vater ist im Krieg . . ."

Sie wartet, daß jemand vorbeikommt, sich über den Stakentenzaun mit den weißen Spitzenden lehnt und ein bißchen mit ihr plachandert. Doch keine Noabersche läßt sich blicken. Nur ein kleines Mädchen treibt eine Schar Gänse über die sandige Dorfstraße heimwärts. Es kommt wohl niemand, um ihr etwas zu vertellen, und die alte Frau zieht sich in die Kühle des Haues zurück. Und das liegt da, als könnte es nicht anders sein, als daß es den Menschen im Sommer Kühle und im Winter Wärme gäbe und Geborgenheit, von einer Generation zur anderen.

Ich habe den Korb mit dem Kraut gefüllt, das ich zerschneiden und dem Schweinefutter beimengen soll. Doch vorher muß ich noch die große dunkle Wassertonne in der Küche füllen, Eimer für Eimer von der Pumpe beim Heuschober neben der Scheune. Noch ein Schulmädchen, bin ich als Erntehelferin der jungen Bäuerin zugeteilt, deren Wärme und Verständnis es mir leicht macht, alle ungewohnte Arbeit zu tun.

Ich richte mich auf und lasse meinen Blick an Haus und Stall vorbei über das Land wandern, über den Fohlengarten hinweg zu der Weite der sanfthügeligen Landschaft. Wie breite Bänder ziehen sich die braunen Streifen der abgeernteten Felder hügelan, dazwischen, wie in einen Flickerteppich eingewebt, das saftige Grün der Rübenfelder, die noch auf die Ernte warten. Weit hinten, über dem blaudunstigen Waldesrand, steht eine große, rotgoldene Herbstsonne. Sie legt mit ihrem Spätnachmittagslicht einen warmen Glanz wie tröstend über das Land. Hält doch alles den Atem an und lauscht angstvoll hinaus, in diesen Herbsttagen des Krieges. Liegt dieses Dorf doch allzunah der Grenze. –

Ich weiß, das alte Haus gibt es nicht mehr, und seine Bewohner hat das Inferno des Krieges, wenn sie am Leben blieben, irgendwo hingetrieben. Irgendwohin, wo sie erst fremd, nicht eingebunden in den Kreis vertrauter Menschen und Lebensgewohnheiten, sich zurechtfinden mußten.

Geblieben ist die Erinnerung an das weite Land mit seiner stillen Schönheit. Geblieben ist die Erinnerung an seine Menschen, die im Einklang mit sich selbst ihr Leben führten. Die auf sich nahmen, was in ihrem Lebenskreis das Schicksal von ihnen abverlangte. Die aus der selbstverständlichen Hingabe ihre Kraft und Ruhe gewannen.

Wie ein Urbild vergangener Zeit sehe ich vor mir die junge Frau am Herdfeuer stehen und die Abendsuppe bereiten. Bild des erfüllten Daseins, Bild der Ruhe.

Buchsbaumduft, Sehnsuchtsduft in die Ferne, in ein Land, das es so nicht mehr gibt, in das Land, in dem ich zum erstenmal diesen Duft wahrnahm.

Der Ball

Frieda, die mich eines Tages zu sich nach Hause mitnahm, aufs Land, war aus einem kleinen Dorf, nicht weit von Königsberg gelegen, zu uns in den Haushalt gekommen. Es war ihre erste Stelle, und am Anfang hatte sie viel Heimweh gehabt und am Morgen verweinte Augen. Meine Mutter ermunterte sie, von zu Hause zu erzählen. Das tat sie gerne, und das half ihr. Bald kannten wir ihr Elternhaus, ein kleines Bahnwärterhaus an der Strecke Königsberg–Heiligenbeil gelegen, das kleine Haus mit der Feierabendbank davor und den beiden Fliederbüschen, die Küche mit dem großen Herd und dem hellgescheuerten Holzfußboden, der am Sonnabend mit feinem weißen Sand bestreut wurde. Wir lernten die Geschwister kennen, den Fritzke vor allem, dem sie immer wieder hatten die Bixen flicken müssen. Doch wenn sie zu zerkoddert waren, kam von irgendwoher Ersatz. Denn „Schickt der liebe Gott Jungens, schickt er auch Bixen." Ja, und das Mamachen konnten wir uns bald vorstellen, das liebevoll-energisch die große Kinderschar regierte. Die Mutter hatte Frieda gar nicht gern in Stellung weggegeben. Aber wie sollte sie, Frieda, sonst bißchen was verdienen für später, „fiere Aussteuer." Und dann war da noch der Vater, der stille ernste Mann, der das Bahnwärteramt versah und am Feierabend mit seiner Piep auf der Bank vorm Haus saß.

Wenn Frieda erzählte, war ich nicht von ihrer Seite zu bekommen. Ich folgte ihr von der Küche ins Zimmer, vom Zimmer in die Küche. „Bist mein kleines Nachzagelchen", sagte sie dann. Vom ersten Tag an hatte ich Frieda in mein Herz geschlossen und sie wohl mich. Frieda hatte sich dann bald eingelebt gehabt. Ihre hellen Augen blickten fröhlich in die Welt, und die Wangen hatten bald die Heimwehblässe verloren und bekamen wieder ihre frische Farbe. Mein Vater sagte einmal: „Frieda ist wie ein taufrischer Apfel." So klein ich auch war, das verstand ich. Um Frieda war etwas wie frische Morgenluft.

Einmal wurden Friedas Wangen wirklich so rot wie die

eines Apfels. Das war, als meine Mutter sie fragte, ob sie die nächste Woche nach Hause, zu den Eltern wollte. Es paßte gerade so gut, denn danach ginge es mit der ganzen Familie, Frieda sollte mit, für einen Monat an die See. Ich sah, wie sie einmal schluckte, sich einen Ruck gab und munter heraus fragte: „Und das kleine Evachen, lassen Sie das mit? Die Elternchen werden sich freuen."

So zog ich am folgenden Sonntag mit Frieda zum Bahnhof. Die Straßen lagen noch in der Ruhe der Sonntagsfrühe. Nur die Straßenbahn fuhr bremsenquietschend den Schiefen Berg hinunter zum Münzplatz. Wir ließen sie fahren. Einen verschnürten Pappkarton in der einen, mich an der anderen Hand, hatte Frieda entschlossen verkündet: „Die Dittchen sparn wir. Wir gehn!" Mein Herz schlug in freudiger Erwartung. Der Tag war wie ein aufgeschlagenes Buch mit hellen Seiten, die sich mit bunten Bildern füllen würden. Die Vorfreude ließ mich an Friedas Hand hüpfen. Bei jedem Hüpfer hüpfte der Ball mit, den ich in einem roten gehäkelten Netz um den Hals trug. Der Ball war mein schönstes Geschenk zum fünften Geburtstag gewesen. So einen großen hatte ich noch nie besessen. Dunkelblau schimmerte seine Lackfarbe. Ein silberner breiter und zwei schmale Streifen umrundeten ihn. Zwei unterschiedlich große Silberpunkte gaben dem Ball ein Oben und Unten. Geheimnisvoll, wie der Nachthimmel, war er mir erschienen. Nur zaghaft hatte ich ihn zuerst zu prellen gewagt. Weich und federnd war er zu mir hochgesprungen. Immer wieder hatte ich ihm, mich um mich selbst drehend, einen Schlag gegeben. Nur das Springen des schönen großen Balles war wie eine Verzauberung um mich gewesen. Von ihm konnte ich mich nicht trennen. Er hatte mit auf die Reise gemußt.

Als wir am Hauptbahnhof in den Zug gestiegen waren, nicht am Nordbahnhof, wie ich erwartet hatte („Wir fahrn ins Natangsche, Trautsterche, nich ins Samland anne See"), verstaute Frieda das Gepäck, und wir gingen raus auf den hinteren Perron. Grüne Wiesen mit schwarzbunten Kühen flogen an uns vorbei, weißviolettblühende Kartof-

felfelder und lange Baumreihen der Chausseen. „Da!"
schrie Frieda auf. Wir waren an ihrem Bahnwärter-
häuschen vorbeigefahren. Eine Schar Kinder stand hinter
dem Staketenzaun und schrie und winkte. Als der Zug gehalten hatte, mußten wir ein Stück die Schienen entlang
zurückgehen.

In der Haustüre standen Friedas Eltern und erwarteten
uns. Die Hände vor der blauweißgestreiften Schürze gefal-
tet, sah die Mutter ihrer Tochter entgegen. „Is' doch ne
staatsche Marjell, die Frieda", sagte sie, den Kopf seitlich
zum Vater neigend. „Und tüchtig! Hätt' sonst die Herr-
schaft ihr Töchterchen mitgegeben? Wer die mal kriegt, die
Frieda." Freundlich wandte sie sich dem Besuch zu. „Und
du bist das Evachen, nich?" Da nahm mich auch schon ein
Junge, es war Fritzke, bei der Hand. Der traute sich zuerst
von den Kindern. „Komm, ich zeig dir." Er lief mit mir
hinters Haus auf den Grasplatz. Unter einem Drahtgestell
schiepste und piepste und wuselte eine Schar kleiner ho-
niggelber Keuchelchen durcheinander. Vorsichtig, ganz
behutsam, wie ich es dem wilden sommersprossigen Jungen gar nicht zugetraut hätte, holte er so ein kleines Knäu-
elchen hervor und legte das flaumfederweiche Keuchelchen mir in die Hand. Ich spürte sein kleines Herz schla-
gen. Oder war es meines, das so vor Erregung klopfte?

Von der Haustür her schallte es: „Kommt eete! Kommt
eete!" Und wieder zog mich Fritz an der Hand mit ins
Haus und in die Küche an den Schragentisch, auf dem in
einer riesigen Steingutschüssel die Kartoffelkeilchen
dampften. Die Mutter hatte Friedas Leibgericht gemacht
und extra viel Spirkel ausgebraten. Nach dem Mittag half
Frieda in der Küche, und wir Kinder liefen zum Spielen in
den Apfelhof. Meinen Ball nahm ich mit und ließ ihn zwischen den Apfel- und Kruschkenbäumen hoch in die Luft
fliegen. Immer, wenn ich die Arme zum Fangen hoch-
streckte, sah ich den Sommerhimmel weit und hell und sei-
denblau durch das grüne Geäst der Bäume schimmern. Ich
warf der kleinen Ella den Ball zu, und sie warf ihn weiter
zu den anderen Kindern. Der große Gerhard gab ihn nicht

gleich weiter, sondern prellte ihn um die Bäume herum. Wir liefen hinterher und schrien und lachten und kullerten uns vor Vergnügen im kühlfrischen Gras. Als Frieda rief: „Kommst mit zu Naujoks Weide? Willst doch das Hietscherchen sehn", brachte ich schnell den Ball ins Haus und folgte ihr.

Wir gingen einen schmalen ausgetretenen Pfad, an einem weidengesäumten Bach entlang, zur Pferdekoppel hin. Die Stute mit dem Fohlen stand im Grünschatten der Eiche. An ihrem Schenkel war das Trakehner Brandzeichen deutlich zu sehen. Frieda streckte die offene Hand aus und lockte mit schmeichelnder Stimme: „Komm, Hietscherchen! Komm!" Zuerst kam die Stute heran. Langsam, den Kopf gesenkt, hielt sie auf uns zu. Zögernd folgte das Fohlen seiner Mutter. Aus Friedas Hand fraß die Stute die mitgebrachte Brotkruste. Das Fohlen drängte sich heran, und ich durfte ihm auch eine Brotkruste reichen. Weich fühlte ich die sammetweichen Lippen des Tieres. Doch als ich es streicheln wollte, warf es den Kopf zurück und jagte mit seinen staksigen Fohlensprüngen davon.

Auf einmal erklang eine Männerstimme hinter uns. „Na, bist all wieder da?" Frieda drehte sich hastig um und wurde ganz rot. Er hatte sie also kommen sehen. Auf seine Frage nickte sie nur. „Na, wie isses inner Stadt? Gehst auch mal tanzen?" Forschend betrachtete er Friedas Gesicht. War da etwas, ein Ausdruck, den er nicht kannte? Doch Frieda sah ihn offen und treuherzig an.

„Manchmal geh ich. Mit Malchen. Weißt doch, von Klimschats. Die is' auffem Tragheim." „Und sonst", bohrte er weiter, „denkst noch an Ostern?" Sie nickte und wurde zu ihrem Ärger wieder rot. Der junge Naujoks trat dicht an sie heran. „Die Lärche, weißt doch, hab ich gepflanzt. In unsern Garten. Kannst sie sehn, vom Fenster." Frieda lehnte sich leicht an ihn an und sagte leise, aber bedeutungsvoll: „Hab all zweihundert Mark gespart." Er legte von hinten seinen Arm um Frieda. Und so standen sie eine ganze Weile, sahen über die grünen Weiden in die verblauende Ferne, in der wohl alles lag, was sie sich füreinan-

Ostpreußische
Landschaft

der wünschten und erhofften. Als wir wieder zurückgingen, war ich so dreibastig zu fragen: „Du, Friedchen, war das dein Schmisser?" „Dammlige Marjell", ruckste sie mich am Arm. Doch dann lachte sie auf. „Amend!"

Am Holzstoß beim Staketenzaun erwartete uns Fritz. Er zog die Schwester zu sich herunter und flüsterte ihr was ins Ohr. „Erbarmzig! Die kleine Marjell!" entfuhr es Frieda. „Ir seid auch dreidammlige Kreeten." Dann ging sie eilig ins Haus. Auch Fritz lief weg. Ich sah mich nach einem Spielgefährten um. Nur die kleine Ella saß auf der sonnenbeschienenen Türschwelle und streichelte immerfort die Katze auf ihrem Schoß. Sie sah nicht zu mir auf. „Ellachen, wollen wir mit dem Ball spielen?" Sie antwortete nicht und streichelte weiter das Katzenfell. Ich lief ins Haus und suchte den Ball. Doch wo war er? „Mein Ball! Wo ist mein Ball?" Frieda kam herbei, nahm mich wortlos bei der Hand, führte mich zum Kleiderschrank im Schlafzimmer und öffnete die knarrende Schranktür. Unten, im Dunkel, an das sich das Auge erst gewöhnen mußte, lag ein zusammengedrücktes Etwas, häßlich, wie die Schale einer verdorbenen Frucht. Nur langsam begriff ich, daß das mein schöner großer Ball gewesen war. Wie aus der Ferne hörte ich Friedas Stimme: „Die Lorbasse haben damit Fußball gespielt, als wir wegwaren. Da ist der Ball auf den Stacheldrahtzaun geflogen."

Vom Klunkermus am Abend wollte ich nichts essen. Frieda brachte mich zeitig ins Bett. Die schöne bunte Welt hatte alle Farbe verloren. Die Erlebnisse des Tages, beim Stadtkind neue Empfindungen weckend, das Fohlen am Zaun, das weiche Küken in der Hand, diese Erlebnisse versanken, und eine große Traurigkeit breitete sich aus. Den Ball gab es nicht mehr. Nie mehr würde die große nachtblaue Kugel um mich herumspringen.

Erst als Frieda schlafen kam, alle Kinder schliefen in dem kleinen Haus zu zweit im Bett, löste sich die allumfassende Traurigkeit. „Na, min Muske", flüsterte sie besorgt, „schläfst noch nich? Mach man de Kuckelchen zu." Ich rollte in der Bettkuhle dicht an sie heran und spürte ihre

Nähe und Vertrautheit als Tröstung. Spürte die sorgende Hingabe, die dieses Mädchen vom Lande warmherzig über alles breitete, was ihrer Fürsorge bedurfte. Eine wohlige Schwere und Müdigkeit erfaßte mich, und in den sich herabsenkenden Schlaf hinein begleitete mich ihre beruhigende und die Wellen meines Schmerzes glättende Stimme. „Schloap man, min Muske, schloap. Das liebe Gottchen schickt wieder das Sonnchen. Schloap man, schloap."

Licht über der Samlandküste

Es ist die Samlandküste mit ihrem Licht, es ist das Rauschen der anrollenden See, das sich mit dem Rauschen der großen küstennahen Wälder vermischt, wenn ich an Lochstädt denke. Es ist die Erinnerung an eine kinderliebe Schwester, die uns wie eine warme Sonne vom großen Heimweh befreite, wenn ich an Lochstädt denke, an die Zeit, die meine Schwester und ich dort in der Kinderheilstätte verbrachten.

Unsere Mutter war ganz blaß geworden, als der Kinderarzt Dr. Lange, das Röntgenbild in der Hand, auf mich wies und zu ihr sagte: „Die Kleine schicken Sie man gleich mit in die Lungenheilstätte, wenn Sie Ihre Ilse hingeben." „Die auch?" war es erschrocken von Mutters Lippen gekommen. Ilse, ja, die war sehr krank gewesen. Aber nun die Kleine auch? Es war eine doppelte Besorgnis, die sie so erschrecken ließ. Es war 1930, die Zeit der allgemeinen schlechten Wirtschaftslage in Deutschland. Die Eltern waren in keiner Krankenkasse, was damals gar nicht so selten war. Sie mußten nach einem Ausweg suchen. Als wir nach Monaten wieder gesund und munter nach Hause kamen, war das geschnitzte, wertvolle Herrenzimmer verkauft und das Zimmer an ein älteres Fräulein vermietet.

So kam es, daß unsere Mutter mit uns mit der Kleinbahn nach Lochstädt fuhr. Unsere fröhliche Mutter war so anders als sonst, so verhalten und ernst. Das wurde uns erst so recht bewußt, als sie uns in der Kinderheilstätte abgab. Ja, abgab, denn es war für die Monate unseres Aufenthaltes kein Besuch erlaubt. Einmal waren die Eltern dagewesen und hatten uns, wir durften es nicht wissen, aus der Ferne beim Waldspaziergang beobachten können.

Ja, oft waren wir im Wald, und immer war es uns Stadtkindern ein Erlebnis. Es konnte einem fast schwindelig werden, wenn man an den hohen Stämmen hinaufblickte, an denen die Ansatzstellen der Äste immer höher hinaufkletterten und wie ein großer Quirl in der Luft standen, bis sie eine weite dunkle Krone bildeten. Hier und da leuchtete das Himmelblau hell hindurch. Weich war der Waldboden in dem lichten Untergehölz und würzig die Luft. Manchmal sammelten wir Walderdbeeren. Jedes Kind bekam einen kleinen Becher, den es vollsammeln sollte. Das fiel mir immer sehr schwer. Am Abend gab es dann für alle einen Teller Walderdbeeren mit Milch, und ich wunderte mich, daß auch ich einen vollen Teller bekam. Niemals wieder habe ich irgendwo in einem Wald so viele Erdbeeren gesehen. Überall leuchtete es am Boden rot aus den Blätterbüscheln. Nah am Haus war auch die See, die von frühester Kindheit vertraute. Ihr Rauschen schläferte uns am Abend ein und weckte uns am Morgen.

Doch oft, besonders im ersten Monat, war das Kinderherz vom Heimweh bedrückt. Es fehlte in dieser Zeit über unserem Kinderleben der gütige freundliche Blick, unter dem sich ein Kind erst geborgen und angenommen weiß. Schwester Elfriede, die unsere Kinderstation leitete, war wohl ein mit ihrem Leben unzufriedener Mensch. Sie ärgerte sich über alles und jedes und schimpfte viel mit den ihr anvertrauten Kindern. Einmal hatte sie meine Schwester hart ausgeschimpft und an den Zöpfen hin- und hergezogen, weil ihr Nachthemd kaputt war. Sie mußte nämlich unsere Sachen nähen. Bei ihr fühlten wir uns hilflos und ausgeliefert und weinten am Abend in unsere Kissen.

Doch eines Tages, ganz plötzlich, hatte unsere Pein ein Ende. Eine große Aufregung war durchs Haus gegangen, eine Unruhe, ein Laufen und Rufen. Hatte eine böse Krankheit auf der Station um sich gegriffen? War etwas mit Schwester Elfriede passiert? Wir haben es nicht zu wissen bekommen. Jedenfalls wurde unsere Station aufgelöst, und wir kamen zu Schwester Lottchen. Schwester Lottchen hatte ein liebes rundes Gesicht, das, eingerahmt von der gerüschelten Haube der Königsberger Diakonissen der Barmherzigkeit, so lieb und gütig auf uns Kinder sah, wie die Mutter Sonne aus meinem Bilderbuch. Und so fühlten wir uns bei ihr, als hätte eine dunkle Wolke wieder die Lebenssonne freigegeben. Schwester Lotte merkte man gleich an, daß sie Kinder gerne hatte. Einmal, als ich zum

Tuberkulin-Test runter ins Arztzimmer mußte, hatte sie mir als Trösterchen eine Schokoladenmaus geschenkt. Die hielt ich fest in der Hand, als ich auf dem langen, halbdunklen Flur alleine warten mußte. Erst, als alles vorbei war, brachte ich es fertig, sie zu verspeisen. Aber da war sie schon zu einer weichen Creme verschmolzen.

In späteren Jahren kam Schwester Lottchen nach Königsberg und saß in der Aufnahme des Krankenhauses der Barmherzigkeit. Es war ihre Altersaufgabe. Oft, wenn ich vorbeikam, sprang ich hinein, um ihr „Guten Tag" zu sagen. Ich habe nie vergessen, was dem Kinderherzen damals dieser gütige Mensch bedeutet hatte.

Aber da ist noch etwas, das ich nicht vergessen habe, ein für mich als Kind neues und großes Erleben. Auch das verbindet auf besondere Weise mit der Zeit in Lochstädt. An dem unruhigen Tag, als wir am nächsten Morgen zu Schwester Lotte kommen sollten, als die Station aufgeteilt und Kinderbetten hin- und hergeschoben wurden, wußte man nicht so recht, wohin mit uns. Meine Schwester, ein anderes Mädchen und ich sollten die Nacht in der großen Liegehalle schlafen. Das war ein Abenteuer. Wir drei Kinder in der großen Halle alleine. Jeden Tag mußten wir dort einige Stunden liegen, mußten ganz still sein und durften kein Wort sprechen. Jetzt konnten wir uns Geschichten erzählen, so viel wir wollten. Aber es war mehr ein Gewisper und Geflüster, denn es war doch ein eigenartiges Gefühl für uns, so alleine hier die Abenddämmerung und die Nacht zu erwarten.

Die leichte Dämmerung hob das Trennende der Glaswände auf. Wir lagen wie unter den Kiefern, deren Baumkronen die Halle berührten. Es wurde in dieser nordischen Sommernacht nicht ganz dunkel. Alles war geheimnisvoll eingetaucht in einen verwobenen Schimmer. Ein Schatten senkte sich herab, Vogelgeflatter. Die Gefiederten suchten ihre Schlafbäume auf. Ein heller Stern erglänzte, noch einer und noch einer. Wie unterm Sternenzelt schliefen wir ein. Und dann das Erwachen am nächsten Morgen. Erst war nur das Rauschen in der Luft da, das An- und Abschwellen der anrollenden und sich wieder zurückziehenden See. Ich öffnete langsam die Augen. Die beiden anderen schliefen noch fest. Ich sah nach draußen und erstaunte in meiner kindlichen Seele. Vor mir lag im Morgenglanz die ausgeruhte Welt. Solch ein Erwachen hatte ich noch nie erlebt. Allein, ohne die Elterngeborgenheit, so nah der Natur. Keine abschließende Hauswand stand trennend dazwischen. Rosafarbenes Frühlicht durchfingerte die Kiefernkronen. Ihre dunkle Schwere war aufgehoben. Die Kiefernstämme warfen das Licht kupferfarben zurück. Der Himmel darüber, ein weitgespanntes Seidentuch. Leicht, den Morgen unter den Flügeln, stiegen die Vögel zu ihm auf. Licht und schwerelos erschien die Welt. Es war wie eine Begegnung mit der Schöpfung.

Natürlich konnte ich dieses Empfinden damals nicht in aussprechbaren Worten denken. Doch all die Jahre ist die tiefe Empfindung dieses Schöpfungsmorgens mit seinem Licht und seinen Farben in mir geblieben. Dieses Licht, das die einzigartige Luft über dem Samland entstehen läßt, dieses Gewebe aus See- und Waldluft, aus Dünen- und Sandgeflimmer. Dieses Licht, das Farben über das Land breitet, wie sie wohl kaum irgendwo anders so zu finden sind.

– Man müßte ein Maler sein – habe ich manchmal in späteren Jahren gedacht, wenn ich dieses Bild, diesen Morgen an der Samlandküste vor mir sah. Aber solche Bilder sind vielleicht gar nicht dazu da, um gemalt zu werden, sondern um als Abglanz des himmlischen Schöpfungswunders in uns zu leben.

Zu Hause im weiten Land

Der Winterhimmel zeigte an seinem Rande noch einen glühendroten Streifen, als ich in Mensguth aus dem Zug stieg. Der Schnee knirschte unter meinen Schritten. Auf dem Bahnhofsplatz stand kein Bauernfuhrwerk, kein Pferdeschlitten, wie ich erwartet hatte, mit dem ich hätte zurück nach Gilgenau fahren können. Aber was machte es einer jungen Arbeitsdienstmaid schon aus, die etwa zehn Kilometer durch das ostpreußische Winterland zu Fuß zurückzulegen. Die Richtung wußte ich. Ich mußte die Straße nach Passenheim gehen und bei Kuckuckswalde hatte ich links nach Gilgenau abzubiegen.

Nach der überheizten Luft im Zugabteil war es befreiend, die frische Winterluft zu atmen. Und wie schön lag das Land vor mir unter seiner großen, reinen weißen Schneedecke. Wie anders diese unberührte Schönheit, als in der Stadt Königsberg. Zwei Tage hatte ich für ein Familienfest Urlaub gehabt und diese Zeit für manchen Weg durch die Stadt genutzt. Dort hatte der Schornsteinruß bald das reine Weiß des Schnees in ein schmuddeliges Grau verwandelt gehabt. Die Häuser hier hatten eine weiße Haube auf, und auch auf den Pfosten der Zäune saß eine kleine kugelige weiße Mütze. Schlittenspuren, die hier und da zu einem Gehöft hinführten, hatten ihre Linien in den Schnee gezeichnet. Ach, eigentlich war es wunderschön, diesen Weg durch die Winterwelt zu gehen, zumal kein scharfer Wind wehte.

Wie eisig war er übers Land gefahren und durch unsere Kleider, als wir Arbeitsdienstmaiden von unserm Neujahrsurlaub zurückgekommen waren. Da hatte uns am Bahnhof ein Kastenschlitten erwartet. Rauhreif hatte den Pferden in den zotteligen Mähnen gehangen und dem Bauern, unserm Kutscher, in den buschigen Augenbrauen über seinen frostroten Wangen. Freundlich hatte er uns begrüßt und mit der Peitsche nach hinten auf den Kastenschlitten gewiesen: „Steigt man ein und huckt euch hin." Und da er noch ein Späßchen machen wollte, fügte er hinzu: „Vorige Woch' hab ich man Ferkelchens zum Markt gefahren. Und diese Woch' hab ich junge Frolleinchens." Mit einem scharfen Peitschenknall und „Hü" war es losgegangen wie der Sausewind. Doch hatte er in seinem hochgeschlagenen Fellkragen noch einmal den Kopf zu uns gewandt und uns begütigend zugerufen: „Aber nu is frisches Stroh drin!" Und das war nur gut, denn der Fahrwind verstärkte den eisigen Ostwind und zog durch alle Kleider. Wir waren ja nicht so gut verpackt wie unser Fahrer, der einen langen Schafspelz anhatte. So legten wir uns auf den Boden des Schlittens ins Stroh, dicht an dicht, um uns gegenseitig zu wärmen. Halb erstarrt erwarteten wir das Ende der eisigen Fahrt.

Wie gut, daß es heute zwar frostklar war, aber kein scharfer Wind wehte. Der letzte rosa Schein am Himmel war verlöscht, doch erhellte der Schnee die Dämmerung. Immer seltener kam ich an einem Gehöft vorbei. Ein kleines Wäldchen rahmte den Weg. Rehspuren kreuzten ihn, und hier und da war der Schnee auf der Futtersuche weggescharrt. Wie war es doch gut, daß man nicht wie die Kreatur unstet durchs Land ziehen mußte, daß man wußte, wohin man gehörte und wo man sich am Abend zur Ruhe legen würde.

Doch auf einmal war dieses gar nicht mehr so gewiß. Plötzlich merkte ich es. Ich hatte mich verlaufen. Längst hätte ich nach Kuckuckswalde kommen müssen, um nach Gilgenau abzubiegen. Wo war ich nur? Keine Orientierung in dem weiten Schneeland. Hier und da ein Baum, eine Tannenreihe, doch nirgends ein Gehöft. Sollte ich nach links gehen, nach rechts, geradeaus weiter? Wolken zogen herauf. Drei große dunkle Vögel flogen vor mir auf, setzten sich auf einen Baum, erhoben sich und folgten meinem Weg, als beobachteten sie mich. Gab es hier Wölfe? Hatte sich nicht mal einer aus Polen hierher verirrt gehabt? Große lautlose Weite um mich her und nichts, nichts als Schnee. Kälte, die den Körper hochstieg. Und keine Fahrspur mehr, die andeutete, daß hier jemand auf dem Weg gewesen war, hin zu einem Ziel, wo auch Menschen waren. Ein großes Gefühl der Verlorenheit nahm von mir Besitz.

Doch gerade da stiegen auf einmal Bilder vor mir auf, wie bei dem kleinen Mädchen mit den Schwefelhölzchen in Andersens Erzählung. Ich sah das Zuhause vor mir. Um den Familientisch saßen wir Kinder mit den Eltern, vom warmleuchtenden Schein der Hängelampe wie umschlossen in dem dämmerigen Raum. Das gab mir igendwie Kraft, auf meinem ziellosen Weg weiter durch den Schnee zu stapfen. Da tauchte in einer hügeligen Senke eine größere Baumgruppe auf und die Gebäudeansammlung eines Gutes. Wäre ich nicht so erschöpft gewesen, ich wäre darauf zugelaufen.

Auf mein Klopfen an die Gutshaustür wurde mir bald geöffnet. Eine Frau mit einem guten freundlichen Gesicht, es war die Gutsherrin selbst, hörte sich teilnehmend mein Mißgeschick an. Und was ich nicht erwarten konnte, sie empfing mich, als wäre ich ein lieber Gast, und es wäre ganz selbstverständlich, daß ich, da ich Hilfe brauchte, zu ihnen käme. Sie führte mich ins Wohnzimmer an den gedeckten Abendbrottisch, an dem die Familie beisammensaß unter dem Schein der Lampe.

Ja, so waren sie, die Menschen in dem weiten Land. Sie taten ihre Türen dem Verirrten auf, boten Gastfreundschaft und halfen mit großer, natürlicher Selbstverständlichkeit.

„Kindchen", sagte die Hausfrau fürsorglich, als ich an dem Familientisch Platz genommen hatte, „wollen Sie nicht auch einen Teller Beetenbartsch, zum Aufwärmen? Sie sehen ja ganz verfroren aus. Und hier ist hausgebackenes Brot und Gänseschmalz."

Alle Verlorenheit wich. Ich war bei guten Menschen. Und während ich die Beetenbartschsuppe aß, breitete sich langsam die Wärme wieder in mir aus. Der Hausherr ließ dann einen Schlitten anspannen und brachte selbst einen Fahrpelz heraus, in den ich mich warm einwickeln konnte. Ja, so kam es, daß ich doch noch wohlbehalten in der Nacht in Gilgenau, in meinem Arbeitsdienstlager ankam.

Leise, ganz leise, um den Schlaf der anderen nicht zu stören, zog ich mich aus und kletterte in mein Hochbett, rollte mich in die Decke und versuchte, es mir auf dem Strohsack so wohlig wie möglich zu machen. Als ich mich auf die Seite drehte, sah ich durch das Fenster draußen ein rotes, geheimnisvolles, schwankendes Licht. Es war der alte Adromeit mit der Stallaterne auf seinem nächtlichen Weg zu unserer Heizung, um wieder Koks aufzuschütten.

Der alte gebeugte Mann mit seinem Laternenlicht, der für uns, während wir schliefen, seine Arbeit tat, die Gutsleute, die mir heute in meiner Not so hilfreich beigestanden hatten, ließen in mir ein Gefühl von Geborgenheit aufkommen. Wenn dies auch eine andere Welt war als das Zuhause in Königsberg, so waren es doch die Menschen in dem Land, zu dem ich gehörte, die mir das Gefühl gaben, aufgehoben zu sein. Ruhig und gelöst streckte ich mich aus zum Schlaf der Nacht. Ich sah noch, daß es zu schneien anfing. Große, weiche Flocken legten sich auf die Dächer im weiten Land, unter denen Menschen und Tiere ruhten, auf die Felder, wo unter der Schneedecke die Wintersaat der kommenden Zeit entgegenharrte.

Warneckers Weihnachtsmarzipan

Der kalte Winterwind, der auf dem freien Feld vor den Toren der Stadt Tilsit hohe Schneewehen auftürmte, hatte auch noch in den Straßen genug Kraft, um unvermutet mit einem Pfiff um die Ecke zu brausen. Wer unterwegs war, sah zu, daß er nach Hause kam. Dem kleinen Mädchen, das munter über die aufgeschippten Schneewälle am Straßenrand lief und sprang, schienen Kälte und Winterwind nichts anzuhaben. Sie erwärmte ihr froh schlagendes Herz. Wär nicht der kalte, pfeifende Wind, sie hätte gesungen. Etwas vom Winter, etwas von Weihnachten. Ja, sie war frohgemuter Stimmung, denn zu Hause sollte heute Marzipanbacktag sein. Und sie war unterwegs zum Gaswerk in der Kohlstraße, um den Marzipanbacker abzuholen. Das Tilsiter Gaswerk verlieh auf Vorbestellung die Marzipanbacker. Sie freute sich, Vatchen, der vielbeschäftigte Kaufmann, wollte extra früh aus dem Kontor kommen. Marzipanbacktag, dafür machte er sich frei, das war ein Familienereignis bei ihnen.

Zu Hause im kühlen Vorderzimmer lagen schon auf Backblechen die Randmarzipanstücke und das Teekonfekt zum Nachtrocknen. Schon am letzten Sonntag hatten sie alles bereitet. Die ganze Familie war um den Küchentisch vereint gewesen bei der freudigen Weihnachtsvorbereitung im hellen Schein der Küchenlampe. Muttchen hatte die Marzipanmasse ausgerollt und die Formen für die Böden ausgestochen. Schwester Liselotte und sie hatten die etwas dickeren Stücke für die Randstreifen am Lineal entlang zugeschnitten, die Ränder der Böden mit Rosenwasser bestrichen und die Randstreifen vorsichtig daraufgesetzt. Vatchen, der Ruhige, der Geduldige, hatte die Aufgabe gehabt, die Ränder mit dem Kneifeisen zu verzieren. Nun lagen alle Stücke, noch hell und blaßgesichtig, zur Weiterverarbeitung bereit.

Der Wind jagte um die Ecke der Hohen Straße, die jetzt die Langgasse durchschnitt. Sie sprang vom Schneewall auf den Gehweg. Schnell noch mußte sie einen Blick in das weihnachtlich geschmückte Schaufenster des Bäckerladens werfen. Zwischen einem Teller billiger Persipanherzen und einem mit echten Marzipanherzen nickte ein rotbemantelter Weihnachtsmann mit dem Kopf und schlug mit der Rute ans Fenster. Unser Marzipan, dachte sie, wird doch das allerbeste Marzipan.

Das letzte Stück bis zur Kohlstraße lief sie auf dem Gehweg. Eilig betrat sie das Gaswerk. „Guten Tag. Mein Vater hat für heute einen Marzipanbacker bestellt", sagte sie schon im Hereinkommen mit einer kleinen Besorgnis in der Stimme, es könnten alle schon ausgeliehen sein. Es war ja nicht mehr lange bis Weihnachten. Die kleine rundliche Frau an der Ausgabe schaute auf, legte ihr Strickzeug beiseite, nahm erst noch geruhsam ein Schlubberchen Kaffee aus der bauchigen Tasse zu sich, ehe sie fragte: „Dein Name? Eure Wohnung?"

„Traute Warnecker, Deutsche Straße", kam es hastig. Der Finger der Frau glitt die Liste entlang. „Ja, ist vorbestellt. Morgen wiederbringen. Es warten noch viele drauf." Traute nahm den Marzipanbacker entgegen, machte einen kleinen Knicks, sagte: „Auf Wiedersehen" und machte sich auf den Heimweg.

Nun spürte sie doch den kalten Wind. Er kniff in die Wangen, fuhr durch den Mantel, ließ die Finger klamm werden. Sie war froh, als sie ihr Haus erreicht hatte, lief schnell die Stufen hoch und klingelte. Ihr Vater, der gerade erst heimgekommen war und noch seinen Gehpelz anhatte, öffnete. „Der Marzipanbacker ist da!" rief sie ihm munter entgegen. Die hellen Augen unter den dunklen Brauen blitzten vor Freude, das Gesicht war windgerötet, der Kindermund lachte ihm entgegen. „Tochterchen", sagte der Vater, sich liebevoll zu ihr herabbeugend, leise. Da wirbelte es um ihre Füße, da sprang ein kleines schwarzes Etwas mal an seinem Herrchen, mal an dem Kind hoch. „Mohrchen, Mohrchen", begrüßte das Kind den kleinen Mischlingshund.

„Da seid ihr ja beide", war nun Frau Warneckers Stimme zu hören, die aus der Küche trat. „Dann kann es ja gleich losgehen, Tante Lischen und Liselotte warten schon. Aber du, Traute, Mohrchen darf diesmal nicht in die Küche." „Ach Muttchen", bettelte das Kind, „laß ihn doch."

„Nein, sein Rumlungern ist ja nicht zu ertragen. Und du weißt doch, was für gierige Augen er machen kann. Marzipan für einen Hund ist zu schade." Als hätte Mohrchen den Sinn der Worte verstanden, ließ er den Schwanz hängen, schnüffelte nur noch einmal an den Gummigaloschen, die Traute ausgezogen und neben die Flurgarderobe gestellt hatte, und verzog sich in sein Körbchen.

Wohlige Wärme schlug den Ankommenden entgegen, als sie die Küche betraten. Es war heute tüchtig eingekachelt worden. Gemütlich sollte es sein. Tante Lischen, die sich selbst ganz zur Familie gehörig rechnete, saß schon tatbereit am Tisch. Sie sprach immer von „unseren Kindern". „Unsere Kinder singen wie die Engelchen", erzählte sie ihren Freunden. Vor ihr lag schon die erste Partie Marzipan auf einem Porzellanbrett zum Bräunen bereit. Der Vater schloß den Backer an die Gasleitung an. Alle schauten gespannt zu, wie die Mutter den Backer, der wie eine umgekehrte Pfanne aussah, über das Marzipan hielt. Blauleuchtend züngelte die Flamme am Tellerrand des Brenners auf. Leicht nahm das Marzipan die Bräunung an, schnell mußten die Stücke gewechselt werden. Beim Randmarzipan wurde der Backer kurze Zeit auf seine kleinen Füße gestellt. Als alle Partien gebrannt waren und so wunderschön appetitlich gebräunt auf den Tellern lagen, atmeten alle erleichtert auf. Was für ein Anblick, die kleinen Brote des Teekonfektes, die runden Stücke, die mit Aprikosenmarmelade gefüllt werden sollten, die Marzipanherzen, die gleich eine Zuckergußfüllung bekommen würden und Verzierung aus Zitronat, Sukkade und anderen kandierten Früchten.

Nun kam Vaters große Stunde. Er war der Meister der Verzierung. Aus den grünen, gelben, roten Früchten legte er die schönsten Muster. Blumen rankten sich nach beiden Herzseiten, ja, sogar fremdartige Bäume. Einige große

Herzen wurden zu besonderen Weihnachtsgeschenken der Familie Warnecker und wurden immer sehr bewundert. Tante Ella sollte ein besonders schönes Herz in diesem Jahr bekommen, weil sie es so mit dem Herzen hatte.

Wieder hatte jeder seine Aufgabe. Tante Lischen bereitete den Zitronenguß und die Mutter füllte ihn vorsichtig in die Randmarzipanherzen. Die Kinder durften in diesem Jahr auch schon die kleinen Herzen für den Bunten Teller verzieren. Liselotte hatte gemeint, das könnten sie schon, und der Vater hatte sie ermuntert. Nun glühten die Wangen der Kinder vor Eifer.

Der warme Lichtschein der Lampe lag wie eine beschützende Glocke über dem Tisch mit den freudig schaffenden Menschen. Sie vereinte das Gefühl, zusammenzugehören, etwas zu machen, das zur weihnachtlichen Freude aller war. Im leichten Dämmer lag der übrige Teil des Raumes, der große gemauerte Kachelherd mit der blinkenden Messingstange, das Wandbord mit den blankgescheuerten Aluminiumtöpfen, der weißschimmernden Häkelspitze am Rand des Bordes, mit den Mäuschen und dem Zuckerstück in jeder Zacke. Alles das gehörte dazu, die Menschen im Lichtschein, die häusliche Umgebung im leichten Dämmerschein. Alles vereint gab das Gefühl zu Hause zu sein.

Erst war nur ein feines Summen von Tante Lischen zu hören, doch dann begann sie mit ihrer wohlklingenden Stimme voll und klar zu singen „Am Weihnachtsbaum die Lichter brennen". Die Kinderstimmen fielen ein, dann Vaters, dann Mutters Stimme.

„Wißt ihr noch", erinnerte Tante Lischen, „wie wir einmal beim Marzipanmachen alle Weihnachtslieder gesungen haben, die wir nur kannten, weil du, Trautchen, damals noch ein kleines Marjellchen, immer gebettelt hattest, singt doch mein Lied. Singt doch mein Lied. Keines war es. Erst Heiligabend, als wir sangen „. . . und das traute, hochheilige Paar", da klatschtest du in die Hände. „Das isses. Das isses, Trautes Lied".

„Ja, ja", nickte die Mutter, „du hattest immer Einfälle."

Heiligabend. – Der vom Gaswerk ausgeliehene Marzipanbacker war noch durch manchen Tilsiter Haushalt gewandert. Auf den Bunten Tellern lagen nun die köstlichen Stücke des nach alten Rezepten hergestellten Königsberger Marzipans und durften endlich verzehrt werden. Im Hause Warnecker war die Bescherung vorbei. Die Mutter verabschiedete auf dem Flur Tante Lischen. Herr Warnecker saß im Sessel, blätterte in einem Bildband und genoß die ruhig besinnliche Stimmung im Weihnachtszimmer. Als er aufblickte, sah er zu seiner großen Verwunderung, wie seine Tochter Traute sich zu Mohrchen herabneigte und ihm ein Stück Marzipan in die Hundeschnauze schob. Es rührte ihn. So lieb hatte sein Kind das Tier, daß es ihm von der kostbarsten Weihnachtsleckerei etwas abgab. Was für eine Überwindung für ein Kinderherz. Doch hob er die Brauen und lauschte gespannt, als sie in das Hundeohr flüsterte. „Als Belohnung, Mohrchen, weil du kein Stück gefressen hast. Muttchen hatte gezählt. Einmal lecken, das macht doch nuscht." Der Vater richtete sich auf. „Was höre ich da? War Mohrchen im Vorderzimmer und hat am Marzipan geleckt?" Halb schuldbewußt sah das Kind zu ihm auf. „Ich wollte mir doch noch einmal das große Marzipanherz ansehen, das du gemacht hast, mit den beiden Palmbäumen. Da ist er durch die Tür gewutscht... Eins, zwei, drei war er auf dem Sofa, hat die Pfötchen auf den Tisch gelegt und ganz schnell über das Marzipan geleckt. Nicht gefressen, kein Stück", beschwor sie. „Aber bitte, Vatchen, nichts Mutter sagen. Amend' wird sie noch boßig auf Mohrchen, wegen des Marzipans. Son Hundchen hat doch auch mal Lecker."

In dem Moment betrat Frau Warnecker wieder das Zimmer, doch hatte sie die Worte wohl nicht mehr gehört. Erschöpft von allen Weihnachtsvorbereitungen, aber glücklich, daß alles so gut abgelaufen war, ließ sie sich in einen Sessel fallen, nahm sich ein Stück Marzipan vom Bunten Teller, biß ein Stück ab und sagte zu ihrem Mann und den Kindern gewandt: „Ich finde, in diesem Jahr schmeckt es ganz gesonders gut. Nicht zu trocken."

Liselotte mußte ein Lachen verbergen, und Traute sah halb bittend, halb beschwörend zum Vater hin. Der langte sich auch ein Stück, betrachtete es und biß hinein. „Wirklich, Muttchen, unser Königsberger Marzipan schmeckt in diesem Jahr ganz köstlich. Es ist so gut gelungen, weil eben *alle* mitbeteiligt waren. Jeder auf seine Art."

Schlittschuhlaufen

Der Vorfluter, dicht vor meinem kleinen Häuschen, der das Wasser der weiter gelegenen Wiesen und Felder sammelt, ist nun auch zugefroren. Pulverschnee liegt auf der mit Erlen bewachsenen Uferböschung.

Vor einigen Tagen, als das Wasser noch offen war, hatte sich ein Graureiher am Ufer niedergelassen. Den schlanken, biegsamen Hals weit vorgereckt, starrte er in das Wasser und hielt Ausschau, ob sich nicht ein silberhelles Fischlein zeigte. Eine große Schar Wildenten war zu ihm hingeschwommen und hatte dumm zutraulich auf den großen grauen Vogel geblickt, als wollten sie fragen: „Wer bist du, großer fremder Geselle?" Doch unbeirrt durch die vor ihm hin und her schwimmende Entenschar hatte er weiter ins Wasser gestarrt, ohne seine Haltung zu verändern. Nach einer Zeit waren die Enten, eine nach der anderen, gelangweilt davongeschwommen.

Jetzt, da auch das letzte Wasserloch zugefroren ist, immer mehr hatte sich ihr feuchtes Reich eingeengt, haben sie sich auf- und davongemacht, hin zu dem fließenden, noch offenen Wasser der Wümme.

Der Vorfluter mit seiner Eisfläche ist jetzt von den Kindern in Besitz genommen. Ein paar Jungen sausen auf ihren glatten Kufen hin und her und spielen Eishockey. Und wie es so dazugehört, verliert einer die Balance und plumpst auf den Hosenboden, daß es kracht. Er bleibt erst einmal ein Weilchen liegen, hält sein Bein umklammert und wiegt sich hin und her. So, wie er es im Fernseher beim Fußballspiel gesehen hat. Doch hier ist kein Gewinn daraus zu ziehen, und es bedauert ihn auch niemand. So steht er wieder auf und ist schnell mit Eifer wieder beim Spiel. Zwei Mädchen kommen in großem Schwung angesaust. Sie haben schöne weiße Schlittschuhstiefel an. Mit denen soll es sich wohl gut laufen. Sie schneiden einen Bogen, bremsen ab und wenden. Ihre Gesichter sind blank und frisch von der schönen Winterfreude des Schlittschuhlaufens. Auch ein junger Vater ist auf dem Eis. Er will seinem kleinen Töchterchen das Schlittschuhlaufen beibringen. Es ist noch sehr klein, doch hat es auch schon solche feinen weißen Schlittschuhstiefelchen an. Das Kind hat noch nicht den Unterschied vom Gehen zum Gleiten herausbekommen. X-beinig stakst es neben dem Vater her. Da schiebt er es ein Stück neben sich her und stützt es von hinten. Dann versucht er, es aus zwei Meter Entfernung zu sich zu locken. Mit steifen, durchgedrückten Knien kommt es ins Wanken. Schnell greift die schützende Hand des Vaters zu. Liebevoll neigt er sich zu dem Kind, drückt den kleinen Unterkörper etwas nach hinten, so daß es leicht in die Knie geht. Und langsam, langsam wird aus dem Gehen ein vorsichtiges Gleiten. Ein freudiger, vertrauensvoller Kinderblick zum Vater auf, eine zurückschimmernde Freude im Vatergesicht. O ja, die Kunst der schönen Schwünge und das losgelöste Gleiten auf der Eisbahn ist nicht an einem Tag zu erlernen.

Wie war es doch mit uns gewesen? Hatte nicht unser Herz bis zum Hals geklopft, als auf dem Gabentisch die ersten funkelnagelneuen Schlittschuhe gelegen hatten? Schlittschuhe, die das ganz neue Lebensgefühl der schnellen jagenden Fortbewegung und der großen Weiträumigkeit schenken sollten. Doch unsere Schlittschuhe waren keine silberblitzend verchromten, waren keine, an denen weiße Stiefelchen wie angewachsen dazugehörten. Es waren einfache Stahlschlittschuhe, und ein Nuddler gehörte dazu, den man nicht verlieren durfte, weil mit ihm die Schlittschuhe an den „hohen Schuhen" festgeschraubt, wir sagten angenuddelt, wurden.

Und gleich am Ersten Feiertag ließen wir dem Vater keine Ruhe und bettelten: „Heute, heute noch liebes Vatchen!" Und er willigte ein. In freudiger Erwartung zogen wir los zum ersten Schlittschuhlauf, während Muttchen zu Hause damit beschäftigt war, dem Gänsebraten durch fleißiges Begießen zu einer schönen knusprigen Bräune zu verhelfen.

Aber was hatte unser Vater nur mit uns vor? Warum ging er nicht, als wir den Roßgärter Markt überquerten, die

Weißgerberstraße zum Schloßteich runter? Der Schloßteich war doch das Paradies der Schlittschuhläufer. Da
tummelte sich die Königsberger Jugend und alle, die sich
noch dazu rechneten, auf dem Eis. Zum Schloßteich mußten wir doch runter, wo die Jungen in langen Ketten die
Mädchen über die Eisfläche jagten, unter der Brücke hindurch, sie voll Übermut einkreisten, die Kette lösten und
weiterjagten, daß der frische Winterwind nur so um die
Backen blies. Nein, zum Schloßteich ging er nicht mit uns.
Den ganzen Roßgarten zog er mit uns entlang, an der
Stadthalle vorbei, am Krankenhaus der Barmherzigkeit,
am Städt. Krankenhaus, bis sich uns der rote Backsteinbau
des Roßgärter Tores zeigte, eines der schönen Stadttore
Königsbergs. Seine besondere Bauweise war durch den er-
höhten Mittelbau ausgeprägt, flankiert von zwei schlanken
Türmen. Den hochgezogenen Torbogen schmückten zwei
Medaillons mit den Porträts der preußischen Generäle
Scharnhorst und Gneisenau. Ja, zum Roßgärter Tor ließ
uns der Vater aufschauen, wie er uns auf alles aufmerksam
machte, was die alte Stadt zu erzählen hatte. Doch dann
durchschritten wir das Gewölbe des Tores, das hallend die
Schritte aufnahm, und gingen über die kleine, dahinter lie-
gende Brücke. Und da lag sein angesteuertes Ziel, eine
kleine, abgeschirmte Eisfläche. Der Zickzackgraben der
Wallanlagen führte hier sein Wasser, nachdem es unter der
Cranzer Allee durch einen Düker geflossen war, in den
Oberteich. Doch bevor es sich so ganz breit verströmen
konnte, hatte sich der große, rundgebaute, festungsbe-
wehrte Dohna-Turm davorgesetzt, der Bruder des Wran-
gelturmes an der Südwestseite. Diese stille, abgeschirmte
Eisfläche hatte unser Vater für unsere ersten Versuche mit
den Schlittschuhen ausgesucht. Ob sich unser Vater, der
ein sehr guter Läufer war, ein bißchen für die ungeschick-
ten Anfangsversuche seiner kleinen Mädchen genierte?
Ungeduldig erwartete ich den Moment, da ich mich auf die
Schlittschuhe stellen und loslaufen könnte. Zu lange dau-
erte es mir, bis Vater uns die Schlittschuhe angenuddelt
hatte. Endlich konnte ich mich aufrecht stellen und, wie

ich dachte, loslaufen. Verlockend sah ich die Eisfläche vor mir, setzte den Fuß, das Gleiten probierend, vor, lehnte energisch Vaters Hilfe ab, zog das andere Bein nach. Und da lag ich schon, bautz, perdautz auf dem Hosenboden, daß es krachte. Da war ich bereit, wie meine Schwester, erst einmal an der Hand des Vaters zu üben. Bald brauchte ich nur noch den Riemen anzufassen, den Vater in der Hand hielt. Das ging recht gut, machte mich aber so übermütig, ließ mich meine Fähigkeit so überschätzen, daß ich gleich mit dem Bogenschneiden beginnen wollte. Doch da muß- te ich auf dem Wallgraben beim Roßgärter Tor die ein- dringliche Lebenslehre erhalten, daß vor den Preis immer erst die Mühe gesetzt ist. – Die kleinen Mädchen entwuch- sen der Hilfe des Vaters und konnten wie die anderen Kin- der auf dem Schloßteich ihre Runden drehen, Bogen schneiden und, angehockt auf einem Fuß gleitend, das an- dere Bein vorgestreckt, „Pistole schießen". Jeden Winter waren wir in der Schlittschuhzeit bis zum Dämmern auf dem Eis, losgelöst, unbeschwert der Winterfreude hinge- geben, wenn auch Zuhause die Pflicht der Schularbeit war- tete. Dann kam die Zeit des Kettenjagens und Jahre später ein Morgen, an dem der Schloßteich sich in einem beson- deren Licht zeigte und mehr zu geben hatte, als ausgelasse- ne Jugendfröhlichkeit.

Es war der erste Morgen eines neuen Jahres. In der Syl- vesternacht, beim Klang der schwingenden Domglocken, die ihre Feierlichkeit durch das geöffnete Fenster ins Zim- mer trugen, hatten wir es uns versprochen. „Morgen früh, um neun Uhr auf dem Schloßteich. Kommst du?" „Ja". „Bestimmt?" „Ja, ich komme. Bestimmt."

Feiner weicher Schnee war in der Nacht gefallen, hatte die Wege und die schon angegrauten, aufgeschippten Schneewälle wieder mit reinem Weiß überzogen. Schöner, reiner, unverbrauchter konnte sich kein Morgen eines neu- en Anfangs, eines neuen Jahres zeigen. Niemand außer uns hatte sich nach der langen Sylvesterfeier zum Schlittschuh- laufen auf den Weg gemacht. Rosaheller Lichtschimmer lag auf der Schneedecke der Promenadenwege und auf den

Abhängen zum Schloßteich hinunter. Flaumfederschnee zerstob, als sich ein kleiner Vogel vom Ast des Eisbeerenstrauches erhob. Auf der Eisfläche waren einige Männer dabei, die Schlittschuhbahnen zu räumen. Mit ihren großen Schneeschiebern hatten sie schon eine weite Bahn von der Schloßseite her zur Holzbrücke hin, und darunter hindurch, gezogen. Wir setzten uns auf die Holzbank, schnallten die Schlittschuhe fest und flogen über das Eis dahin, das an diesem Morgen in seiner ganzen Weite uns gehörte. In hellem Morgenglanz leuchtete der Himmel an diesem frühen Wintertag des jungen neuen Jahres über uns. Ein unbeschreibliches Gefühl, das sich hinaushob über das Glück eines Zusammengehörigkeitsgefühls junger Menschen, breitete sich in uns aus. Wir jagten dahin, wie in eine unendliche Weite hinein, in der die Grenzen aufgehoben waren, über der das Licht einer geahnten, großen hellen Hoffnung stand.

Die Spur

An frostklarem Tag
wenn der Schnee
hörbar knirscht
unterm Schritt
seh ich vor mir
wieder das Land.
Das ferne, das nahe
vertraute.
Die Weite gedehnt
zum Unendlichen hin.
Unter dem Schneeglanz
der weißen Kristalle
ruhen die Felder
die dunklen, lichthell
verwandelt.

Zwischen den hohen Kiefern
das alte holzbraune Haus.
Dort, unterm Strohdach
sind sie zu Hause
legen sich schlafen
mit ihrem Kind.
Noch denken sie – immer
wird es so sein –
Doch hart knarrn
die Kiefern im Wind.

Ausgesternt ist
der nachtblaue Himmel.
Unter dem Sternengefunkel
ein Klang, helles
Schellengeläut.
Ein Schlitten
zieht seine Spur
zieht mit den Kufen
die Linien, ein Siegel
über das Land.

Nicht zu verwehen
nicht auszulöschen
die Spur in mir.

Diese frostklaren Tage
wenn der Schnee
hörbar knirscht
unterm Schritt . . .

Am Uferrand

Am Uferrand

Den Sandweg kam ich herab
auf verwehter Spur
die führte den Fuß.
Von der nordischen Birke
begleitet, der lichten
hellweißen. Hornklee –
und Thymiansüßduft
wehte der Wind
vom verwachsenen Hang.

Nie aufgehört hab ich
zu lieben den Pfad
im Durstland der Stille.

Da schlug der See sein
Auge auf, das erglänzte
silbern, bis zum Waldsaum
der schattigen Wimper.
Da stieg der Atem des Wassers
hoch aus Kalmus und Schilf.
Da verwob das Heute den Traum.

Und wieder
spielten sie an dem See
standen im Wasser den
Stichling zu fangen
die flachsblonden Kinder
schwangen den Kescher
und sangen. Das Wasser trugs
wie ein Vogel.
Am Uferrand stand ich
und lauschte. Sie sangen
in fremder Sprache.

Den sandigen Pfad
war ich gekommen
auf verwehter Spur.

Bernstein – bewahrte Sonne

Ein Altfrauengesicht, das mir irgendwie bekannt, ja vertraut erscheint. Die Frau sitzt im Fährhaus einer Bootsanlegestelle am Bodensee und verkauft Fahrkarten. Als sie mit einem Fahrgast spricht, weiß ich es. Ja, sie kommt aus Ostpreußen. Immer durchflutet es mich warm, wenn dieser Klang an mein Ohr dringt, diese altvertraute, kindheitsgewohnte, ostpreußische Sprachmelodie. Doch schon bevor mir ihre Sprache die Heimat verriet, konnte ich es mit Sicherheit annehmen. Trug sie doch einen großen, honiggolden schimmernden Bernsteinklunker an langer Silberkette.

Bernsteinschmuck, geheimnisvolles Zugehörigkeitszeichen zur großen Familie derer, die aus dem Bernsteinland kamen oder ihm nahe verbunden sind.

Bernstein, bewahrte Sonne aus uralter Zeit. Harz der „pinus succinifera", einer Fichtenart, die vor 50–35 Millionen Jahren in der nördlichen Hälfte der heutigen Ostsee wuchs. Die Wasser der Eiszeit trugen den Bernstein in südwestliche Richtung. Das Hauptgebiet blieb bis heute die Samlandküste als Fundort.

Bernstein, honiggolden, rotgolden, dunkelgrün und braundunkel bis blaudunkel hat schon in der jüngeren Steinzeit die Menschen angeregt, es zu gestalten, ihm eine Form zu geben. Die Artefakte von Schwarzort, tierische und menschliche Gestalten, wohl als Amulett getragen, zur Beschwörung übersinnlicher Kräfte, begeistern in ihren abstrakten Formen noch heute den Betrachter. Ich erlebte die Faszination einer Worpsweder Bildhauerin, als sie während eines Vortrages diese Funde im Lichtbild zu sehen bekam.

Von unseren Vorfahren, den Prußen, sind solche gestalteten Formen nicht bekannt. Doch gehörte der Duft des verbrannten Bernsteinharzes zu ihrem Totenkult.

Spätere Jahrhunderte ließen den Bernstein zum kostbaren Geschenk zwischen den Herrschern werden. Bernsteinschnitzer und Bernsteindrechsler verfertigten Skulpturen und prunkvolles Tischgerät. Noch immer verstummen nicht die Vermutungen über den Verbleib des Bernsteinkabinettes, das Friedrich Wilhelm I. im Jahre 1716 dem Zaren Peter der Große zum Geschenk machte, und das im Verlauf des Zweiten Weltkrieges von Zarskoje Selo nach Königsberg gebracht wurde und seit Kriegsende verschollen ist.

Nicht lange vor dem großen Bombenangriff auf Königsberg habe ich es im Schloß bewundern dürfen. Die Wandverkleidungen, mosaikartig mit flachen Bernsteinstücken geschmückt, in Kontrastfarben zusammengesetzt, zeigten wunderbare Farbeffekte.

Bei dem Anblick des Bernsteinzimmers wurde in mir wieder ein Kindertraum lebendig. Wasserfeen leiteten mich zum Bernsteinschloß, das auf dem Grund der Ostsee stand. Das Schloß, die Räume, die Möbel waren aus Bernstein und leuchteten durch das Wasser im honiggoldenen Bernsteinton. Waren es die Worte von Agnes Miegel gewesen, früh waren mir ihre Gedichte vertraut geworden, die diesen Kindertraum erstehen ließen? Sagt sie doch von den alten Prußengöttern in ihrem Gedicht „Mainacht",

> Herden und Saaten segnend
> Schwanden sie über das Meer.
> Ihre hohen Bernsteinkronen
> Blitzten noch lange her.

Bernstein, wie gehörte er zu unserem Kindheitssommer, wenn wir an der Samlandküste barfuß den Wellensaum abliefen und nach Bernstein suchten. Nach einem Sturmtag mit hohem Wellengang, mit brausend sich überschlagenden Wellen, war das Suchen besonders ergiebig. Bald hatten wir Kinder so einen kleinen Pungel voll gesammelt, ein prall zusammengeknüpftes Taschentuch. Wie schön konnte man damit spielen, Muster auf der Sandburg legen, Kästchen bekleben, schönstes Geschenk für die Tanten, ja, sogar mit glühender Stricknadel Löcher durch das aufduftende Bernsteinharz bohren und eine Kette aufziehen.

97

Richtiger Bernsteinschmuck lag dann auf dem Gabentisch zur Einsegnung. Von den Eltern eine goldgelbe Kette
mit gedrechselten Olivperlen, zum Verschluß hin immer
kleiner werdend. Und sorgsam verpackt überreichte mir
mein Onkel seine Gabe, ein besonders schönes Bernsteinstück. Ich war dabeigewesen, als er es an der Samlandküste
in Brüsterort gefunden hatte. Nachdenklich prüfend hatte
er es betrachtet und langsam weggesteckt.

„Da ist ja ein Insekt eingeschlossen!" rief ich in freudiger Überraschung aus. Ja, seine Vermutung, als er das
Stück Bernstein am Strand auflas, hatte sich bestätigt,
nachdem er das Stück in der Bernsteinmanufaktur in der
Sattlergasse hatte anschleifen lassen. Nun war es deutlich
zu sehen, das kleine Tier, eine Fliege, die vor Jahrmillionen
gelebt hatte und durch das herabtropfende Harz eingeschlossen wurde.

Bei dem Geschenk lag ein Zettel. In schöner Kunst-
schrift war darauf zu lesen –

> Hest Börnsteen jefunde
> behol em bi di.
> Dat loat die jesunde
> moakt wol di und frie.
> De Börnsteen het Fier,
> hat Hitt un het Kraft,
> dat is e Befrier
> wo Wunder schafft.

Ja, bis in unsere Zeit wurde dem Bernstein eine heilende
und bewahrende Kraft zugesprochen.

Dieses Bernsteinstück ist nach dem Krieg wie durch ein
Wunder wieder in meine Hände gelangt. Als ich erfuhr,
daß Toni Koy, die Königsberger Goldschmiedemeisterin,
die weit über Ostpreußens Grenzen Bekannte, nach der
Flucht im Erzgebirge lebte, nahm ich mit ihr Verbindung
auf. Sie, die wie kein anderer Goldschmied Bernstein, das
Gold des Ostens, verarbeitete, nie die Gestalt zerstörte,
die die Natur dem Stück gegeben hatte, schuf aus diesem

Stück ein Kleinod. Sie faßte den Stein und ließ ihn zum Mittelpunkt eines Strahlenkranzes werden, einer Sonne, deren Mitte der Bernstein war.

Einmal hatte ich sie noch in Königsberg, in ihrer Werkstatt in der Hornstraße, aufgesucht. Ich sollte für eine Freundin die Eheringe abholen. In der Nacht vorher träumte ich, sie händigte mir nicht gewöhnliche goldene Ringe aus, sondern besonders gestaltete. Eine Spirale faßte einen roten Stein. Ich erzählte Tony Koy davon. Sie gab mir einen Metallstab und Silberdraht in die Hand und forderte mich auf: „Bilden Sie Ihren Traumring nach!" Dazu sagte sie noch: „Ich empfinde die Spirale als ein Zeichen des Lebens. Sie erinnert uns daran, daß sich manche Ereignisse unseres Lebens auf einer höheren Stufe wiederholen. Es liegt an uns, was wir daraus machen."

An diese Worte habe ich in meinem späteren Leben manchmal denken müssen.

Als wir in den letzten Jahren die Kurische Nehrung wiedersehen konnten, wurde ich in Schwarzort an Toni Koy besonders erinnert. Es war beim Betreten der kleinen Kirche am Südrand von Schwarzort bei den Neu-Karwaitener Fischerhäusern. Lange Jahre als Museum fremdbestimmt und völlig ausgeräumt, war sie gerade erst der christlichen Gemeinde übergeben.

Hatte uns doch Toni Koy einmal geschrieben, daß ihr Großvater als Sohn des Pfarrers in Schwarzort geboren wurde. Doch hatte ihr Großvater wohl noch in der alten Holzkirche mit dem Tonnengewölbe gepredigt, die man in Karwaiten abgebrochen und hier wieder aufgebaut hatte, als die Wanderdüne Karwaiten zu begraben drohte.

Zu der Bernsteinküste und der Nehrung hat Toni Koy eine tiefe Beziehung gehabt. So schreibt sie in einem Brief: „Ich will noch hinzufügen, daß mir die Nehrung meine eigentliche Heimatlandschaft war." Weil sie das Besondere dieser Landschaft erfaßte, sein verwandelndes Licht, bewahrte sie in ihren Arbeiten das Licht und Leuchten des Bernsteinstückes, wie es in ihre Hand kam.

Bernstein, geheimnisvolle Verbindung zum Land unse-

res Ursprungs. Bernsteinschmuck, immer mit einer Nachdenklichkeit und Bedachtsamkeit umgehängt oder ange-
steckt.

Das Gold der Samlandküste – bewahrte Sonne.

Wieder im Licht

Nehrungssand, eine Handvoll
drei Steine aus der Krutinna
Indizien, Beweise, daß ich
das Land wiedersah, das versunken lag
am Traumstraßenende, dunkelverblaut.

Glaubhaft sah im Gegenwartslicht
sanftgrünes Hügelgelände
wieder vernarbt verwundetes Land
und den hohen, den hellen Himmel
über dem Einst und dem Jetzt
gespiegelt in Seewasseraugen
von Kupferkiefern umsäumt.

Nehrungssand, eine Handvoll
drei Steine aus der Krutinna
erinnern. Sehnsucht im Licht –

Ein Herz für einen Hund

Angebunden an eine lange Wäscheleine lag er im Innenhof unseres Hotels. Immer sahen wir ihn, wenn wir am großen Rosenbeet vorbei zu den Mahlzeiten in den Speisesaal gingen. Gehörte er einem Mitarbeiter des Hotels, der keine Zeit für ihn hatte?

Es war ein junges Tier, ein Mischlingshund, schmalgliedrig und dunkelhaarig. Er lag nicht mit der angespannten Wachheit da, die alles Geschehen im Umkreis beobachtet, wie es sonst bei Hunden üblich ist. Er bellte nicht, er stellte sich nicht auf, er sah uns nicht an, zerrte nicht an seiner Leine. Manchmal lag er an seiner Leine auf der anderen Seite der Anlage auf dem Rasenstück. Das war wohl die einzige Abwechslung, die man ihm gab. Still lag er da, als warte er auf etwas geduldig, das sich irgendwann ereignen müßte.

An einem Morgen ließ ich mir Zeit vor dem Frühstück, saß am offenen Fenster und sah auf die Wasserweite des Kurischen Haffes. Das frühe Morgenlicht ließ es silberblau schimmern. Am Horizont hielt sich noch ein Hauch des frühen Morgenrotes. Ein Fischkutter schaukelte auf dem leicht bewegten Wasser. Ein Morgen der Stille – Atem für die Seele.

Da holte mich aus dem Versunkensein das Bild einer Gestalt am Haffufer. Eigentlich waren es zwei, die da gingen. Ich erkannte eine Dame aus unserem Hotel. Sie führte den Hund an der langen Leine. Kann man jetzt schon seinen Hund mit nach Litauen mitnehmen, fragte ich mich. Doch wunderte ich mich über die seltsame Hundeleine.

Beim Weg zum Mittagessen überquerte diese Dame mit uns den Innenhof. Wieder lag der Hund an seinem Platz. Doch anders als sonst richtete er sich auf und sah der Frau erwartungsvoll entgegen. Die Gleichgültigkeit war wie weggewischt, hellwach saß er da. „Paulchen", hörten wir die Dame liebevoll auf den Hund einsprechen, „hier kannst du nicht mit. Aber warte, nachher gehen wir wieder spazieren." Und zu uns gewandt gab sie eine Erklärung ab.

„Der Hund gehört dem Jungen von einem Hotelangestellten. Er bekam ihn geschenkt. Immer liegt das Tier nur hier. Niemand geht mit ihm aus. Und sehen Sie seine krummen Beine. Er ist auch nicht richtig ernährt. Wir nehmen den Hund jetzt immer auf unseren Ausflügen mit. Und denken Sie, das junge Tier konnte nicht einmal spielen. Spiel ist doch die natürliche Lebensäußerung eines jungen Tieres." Und mit einem schönen Ausdruck im Gesicht sagt sie noch: „Wir wollen das Tier mit nach Deutschland nehmen. Wir verhandeln schon mit dem Besitzer. Hoffentlich klappt es."

Auf dem Weg in den Speiseraum hören wir hinter uns ein sehnsüchtiges Miefen. Der kleine Hund weiß wohl, wer ihn wirklich gerne hat.

Die letzten Tage auf der Kurischen Nehrung. Wir nehmen Abschied von der Düne im hellen Licht, von der ewig rauschenden See, von dem weiten Strand, an dem wir Bernstein gesucht und nach einem Sturmtag auch gefunden haben. Wir nehmen Abschied von diesem großen herrlichen Wald, der seine hohen Kiefernstämme kupfergolden leuchten läßt, der Waldtäler voller Blaubeeren hat und dessen Wege uns mit immer neuen schönen Eindrücken beschenken. Wir kommen in ein leicht hügeliges Waldgelände ohne Unterholz. Wir hören das Rauschen der nahen See. Durch die Baumstämme scheint das helle Blau des Himmels. Am Waldrand, dunkel gegen den Himmel, wie eine Silhouette, steht da die Frau mit dem Hund. Ein stilles Bild. Ist es für beide ein Abschiedsweg? Ein Abschiednehmen? Es fällt wohl nicht schwer, die Schönheit eines rassigen Tieres zu bewundern und ihm seine Aufmerksamkeit zu schenken. Hier aber handelt es sich um ein zurückgebliebenes, offenbar durch mangelnde Zuwendung geschädigtes Tier. Wie wird sich der Hund wieder in sein altes Dasein hineinfinden, wenn keine lockende freundliche Stimme ihn zum Spielen ermuntert, ihn zum Ausgehen abholt?

Am letzten Abend hören wir die freudige Nachricht: „Es klappt nun doch. Der Besitzer überläßt uns den

Hund." Wir sehen in ein strahlendes Gesicht. Wir haben unsere Fragen: „Wie wollen Sie es machen. Es ist doch gar nicht einfach, ein Tier in ein anderes Land zu überführen. Wie wird es auf dem Flugplatz in Litauen sein und in Deutschland bei dem Zoll?"

„Wir wagen es", sagt die Frau mit Entschlossenheit. „Er kommt in die Reisetasche. Man hat uns gesagt, daß gar nicht alle Reisetaschen durchleuchtet werden. Es werden nur Stichproben gemacht. Der Tierarzt war vorhin da und hat uns Beruhigungsspritzen für die Reise gegeben. Wir haben ja eine Ärztin unter uns, die wird sie verabreichen."

Flughafen Polangen. Unruhe. Aufgeregte Reisende, die in ihren Papieren kramen. Ein Gewirr von Koffern und Taschen. „Sollen wir die Filme rausnehmen?" ruft jemand. „Es müssen doch alle Taschen durch den Durchleuchtungsapparat!"

Hat der Hund die allgemeine Nervosität gespürt und ist nun unruhig geworden? Wie Kinderweinen hört es sich an, was da aus der Reisetasche dringt. Doch bald ist es wieder still. Beim Einsteigen ist jeder mit sich beschäftigt. Das Flugzeug hebt ab. Noch einen letzten Blick auf das Land der Sehnsucht werfen, ehe die Wolken alles verhüllen. Heller Strand, leuchtende Dünen, Silberglanz des Wassers.

Landung in Hannover. In diesem Jahr steht kein Zollbeamter am Ausgang, der uns fragt: „Haben Sie Bernstein?" Unsere Freunde sind noch nicht da, die uns abholen wollten. Wir müssen warten. Und da sehen wir sie, da kommt die Dame mit dem Hund. Paulchen hat jetzt schon ein richtiges Hundehalsband um. Immer wieder sieht er zu seinem Frauchen hoch, das ihn nicht seinem Schicksal überlassen wollte und einiges für ihn gewagt hat.

„Es ging alles gut", sagt die neue Hundebesitzerin glücklich.

„Paulchen war ganz still, als er in der Reisetasche durch den Durchleuchtungsapparat geschoben wurde. Die Zöllner hatten auch gerade weggesehen. Sie erwarteten wohl auch nichts, was zu beanstanden wäre, bei unserer Reisegruppe."

Am
Kurischen Haff

„Wir freuen uns wirklich mit Ihnen und für den Hund, daß alles so gut abgelaufen ist, auch hier auf dem Flughafen."

„Es ist schön, daß alle so Anteil genommen haben. Ich danke Ihnen."

Wir sehen ihnen nach. Paulchen, der kleine Hund, ist noch etwas benommen von der ungewohnten Reise. Er setzt seine dünnen Beine noch etwas unsicher, schnüffelt auf dem Boden und sieht immer wieder vertrauensvoll zu seiner Begleiterin hoch, die ihn in ein neues, wohl glücklicheres Hundedasein führt.

Lindenduft

Der Baum meiner Kindheit war eine Linde. Sie stand mit ihrem schwarzdunklen Stamm und ihrer breiten Blätterkrone vor unserem Haus in der Franz. Schulstraße. Eigentlich war es gar keine richtige Straße, denn die Durchfahrt zum Burgkirchenplatz war durch einen Schlagbaum gesperrt. So war es eine stille Straße, die im vorderen Teil, in dem die große Linde stand, eher ein Platz war. Es muß der Schulhof der Franz. Schule für die Kinder der Hugenotten gewesen sein, die einst am Schiefen Berg gestanden hatte. Um die Linde herum war im großen Kreis gute schwarze Erde, durch Feldsteine abgegrenzt. Da spielten die Jungen Messerchenstechen, und wir Mädchen versuchten, es ihnen gleichzutun und ihnen recht viel Land abzugewinnen. Über alle unsere Kinderspiele hielt die Linde breit und geduldig ihr Geäst mit den herzrunden Blättern.

Im Sommer schenkte sie uns den honigsüßen Duft ihrer Blüten. Das Fenster im Wohnzimmer stand weit offen. Die Geranien im Blumenkasten, von der Sonne durchschienen, leuchteten glühendrot. Der Duft der Lindenblüten wehte zu uns herein. Wir saßen am Abendbrottisch und strichen uns die gelbe Landbutter, die Mutter vom Markt, vom Stand der seit Jahren vertrauten Frau Klemusch, mitgebracht hatte, dick aufs Brot. Die Schwester erzählte, frohes Lachen, die ruhige Stimme der Eltern. Abendlicht. Lindenduft. Zuhausesein.

Von ihren herabhängenden Zweigen pflückten wir die Blüten und trockneten sie ausgebreitet auf dem Boden. Und wenn im Winter der Schnee auf den dunklen Ästen lag und einer von uns wieder einmal nicht nach Hause gefunden hatte, bevor er auf der Eis- oder Rodelbahn ganz durchnäßt und durchkühlt war und nun hustete und schnupfte, dann gab es den nach Sommer duftenden Lindenblütentee, der immer half.

O alte Linde über Kinderspiel. O honigsüßer Sommerduft der Kinderzeit, durchs Fenster hereingeweht.

Nach dem großen Bombenangriff 1944, als ich nach den
drei Tagen Einlaßsperre in der noch glühenden und nach
Trümmerbrand riechenden Stadt die Eltern suchte, da
stand auch sie, die alte Linde, mit angekohlten Zweigen da,
von Trümmerbergen umgeben.

Noch einmal, im Oktober, suchte ich die zerbombte
Straße auf. Ich wußte, ein Stück der gekachelten Herd-
wand war stehengeblieben, und da hing am goldenen Mes-
singhaken ein kleines Bunzlauer Kännchen. Das wollte ich
holen, zur Erinnerung an unser Hab und Gut. Und da
wurde ich auf ein kleines Wunder aufmerksam. Die ange-
kohlte alte Linde hatte wieder Blätter getrieben. Die starke
Kraft des tiefwurzelnden Baumes hatte im Oktober, da er
sonst die Blätter abwarf, neue, hoffnungsvolle zartgrüne
Blättchen hervorgebracht.

Alte Linde, Baum der Kindheit, werde ich dich wieder-
finden, wenn ich nach Königsberg komme? So mancher
Heimwehreisender fand nicht sein Haus, doch alte Bäume
wieder. –

Wir waren auf der leergefegten Kneiphofinsel gewesen,
hatten vor der Domruine und dem Kant-Grabmal gestanden, wir sahen die Einheitsbauten in langen Reihen am
Pregel die Vergangenheit zudecken, die verfremdete Langgasse, wir fuhren über die Hochstraße, die das lebendige
Auf und Ab der auf Hügeln erbauten Stadt verschluckte,
sahen das Loch im Herzen der Stadt, wo das geschichts-
trächtige Schloß mit seinem Turm gestanden hatte, dem
Wahrzeichen der Stadt.

Wir kamen zum ehemaligen Schloßteich. Durch Trüm-
merschutt in seinem Wasserbett eingeengt, ohne den Rah-
men der alten Bäume, ohne Bänke zum Verweilen, ist er
nicht mehr der Schloßteich unserer Tage. Wir setzten uns
am jetzt hohen Ufer ins Gras, an der Seite, da die Konditorei Schwermer gelegen hatte, sahen zu ihm herab und
aßen unser Mittagsbrot. Uns gegenüber – der Platz meiner
Kindheit. Im Hintergrund eine riesige graue Häuserkette

mit dem Hochzeitspalast, davor, bis zum Schloßteich, eine Grünfläche. Im Vordergrund ein neues, architektonisch gut gestaltetes rotweißes Gebäude, ein Fernsehstudio. Dort müßte die Burgkirche gestanden haben. Wo die Franz. Schulstraße lief eine große, unbebaute Grünfläche.

Der alte Lindenbaum. Er hat sich nicht für mich bewahren können! Nun, da viele Gebäude fehlen, scheint die wiedererbaute Stadthalle, jetzt Museum, recht nahe zu liegen. Ganz nah zu ihr, den Roßgarten quer durchschneidend, ein Häuserblock mit einem Torweg. Links von der Stadthalle ein altes, sehr schmales, schwarzdunkles hohes Haus, an das ich mich nicht erinnern kann. Es muß ein stehengebliebenes Hinterhaus sein. Davor, zum Schloßteich hin, einige windschiefe Schuppen, wohl für die Bewohner des Hauses. An der Stirnseite des Teiches, dort, wo früher das Schloß mit seinen Türmen sichtbar war, steht jetzt ein zwölfstöckiges Hochhaus dunkel und bedrückend da. Und es sollte doch, nach Ansicht der sowjetischen Vertreter, die den Abriß des Schlosses befürworteten, eine neue, helle Zeit dokumentieren.

Wir fahren den uns fremden Steindamm entlang, am Nordbahnhof vorbei, am Landgericht mit den Wisenten, am Tiergarten, vor dessen Eingang viele Menschen stehen. Wir kommen zur Luisenkirche, die, wie so viele Kirchen im ehemals sowjetisch verwalteten Gebiet, nicht mehr ein Gotteshaus ist. Ein freundlicher älterer Herr führt uns durch ihre Räume, die jetzt für ein Puppentheater umgestaltet wurden. Man hat eine Decke eingezogen und einen Theaterraum für 100 Personen geschaffen. Im Foyer hängen an den Wänden sehr schöne, phantasievoll gestaltete Kinderzeichnungen.

Gleich hinter der Kirche, wo die alten Friedhöfe lagen und auch die Großeltern begraben sind, dreht sich das Hochrad im Vergnügungspark. Das bunte, laute Treiben auf dem ehemaligen Friedhof ist dem alten Herzen ein Schmerz.

Wir wenden uns nach links, den ruhevollen alten Bäumen zu, den noch erhaltenen Anlagen von Luisenwahl.

Vor dem hier errichteten alten Holzbau Blumenbeete und Ruhebänke. Auf einer Bank sitzen zwei Russen beim Brettspiel. Die Frau daneben, mit einem dicken Bündel auf dem Schoß, ihrem eingewickelten Kind, ein Bild, wie von Barlach geschaffen.

Der Weg neigt sich. Kaum ein Mensch ist hier. Zwischen hohen Bäumen schlängelt sich noch immer das Flüßchen durch Luisenwahl. Von der kleinen, weißen Brücke aus verfolgen wir seinen Lauf und sehen das Wasser zwischen dunklem Blattgrün glänzen. Stille um uns. Die Zeit scheint stehengeblieben zu sein. Ein seltsames Empfinden. Zwei Welten dicht beieinander, das Jetzt des lauten Vergnügungsparkes auf dem alten Friedhof und hier ein Hauch der Vergangenheit.

Vor uns aufsteigend ein Hang. Das war im Winter der beliebte Rodelberg der Königsberger. Jetzt liegt er da in hellem Rasengrün. Seitlich grenzt ihn oben eine Baumreihe alter Linden ab. Junge Leute stehen davor und pflücken von den tief herabhängenden Zweigen Lindenblüten zum Trocknen. Wie wir es einst taten.

Ein Duft der alten Zeit weht zu uns herüber. Sommerduft – Lindenduft –

„Unsterblich duften die Linden . . .“

Königsberg

Oktober 1992

Verfremdet
das Netz der Straßen.
Wohnblocks wie Riesen
hilflos und grau.
Suchend
bin ich gegangen
Spuren zu finden
im alten Gesicht.
Wo find ich
sein Lächeln?

Der Pregel
einst pulsende Ader
zum Spiegel erstarrt
umschließt er die Insel.
Einsam und groß
die Ruine, der Dom
offen zum Himmel
sucht Zeichen
der Hoffnung.

Fast im Verborgnen –
Ein Licht wird entzündet.
Trauernd um alle Zerstörung
und Opfer gemeinsamer Schuld
stehn Russen und Deutsche
den Grundstein zu legen
zum Mal des Gedenkens
für alle Verstorbnen
der Stadt.

Die Flammen der Kerzen
in ihren Händen
ein Zeichen.
Auf ihren Gesichtern
wieder das Lächeln.

Gespräch mit den Eltern

Ihr seid mir überall nah, liebe Eltern. Nicht nur hier, auf dem Friedhof. Mit meinen Gedanken kann ich euch überall finden. Und doch komme ich gerne hierher, zu euren Gräbern. Es ist die Wirklichkeit eines Weges zu euch, den mein Fuß gehen kann. Ich sehe euch vor mir und denke an die letzten Jahre eures Lebens.

„Von der Heimat gehn ist die schwerste Last . . ." sagt Agnes Miegel in dem Gedicht „Die Fähre".

Auch ihr mußtet an fremdem Ufer landen, wurdet zu Fremden. Ungewohnt war alles und anders als zu Hause im vertrauten Lebensbereich, in dem man euch gekannt hatte. Und was euch besonders schwer war, ihr ward ohne die Verbindung mit den Freunden des Lebens, nicht mehr mit dem Gruß und Besuch der Verwandten, mit ihnen nicht mehr im Gespräch. Zu viele hatten Krieg und Flucht euch weggerissen. Ihr konntet beruflich keinen Neuanfang wagen, weil ihr zu den Älteren gehörtet, die kein Darlehen zum Aufbau bekamen. Ihr trugt euer euch aufgelegtes Leben. Ich hörte von euch kein nutzloses Klagen. So, wie es bei Agnes Miegel in dem Gedicht „Es war ein Land" heißt: „Nie zu klagen war unsere Art . . .". Mit Ehrfurcht erfüllt mich das Erinnerungsbild, das ihr mir gabt. Das Bild eines Lebens, das auch in schweren Jahren in würdevoller Demut getragen wurde.

Ach, liebe Elternchen, wie gerne hätte ich es für euch am Lebensabend etwas leichter gehabt. Ja, manchmal redete ich euch so an, „liebe Elternchen", wenn es mir so warm ums Herz war. Auch im Brief, den ich euch jede Woche schrieb. Ich wußte ja, wie sehr ihr in der ländlichen Einsamkeit auf dem abgelegenen Gehöft darauf wartetet, daß ein Gruß zu euch kam. Freudig trug den Brief einer von euch die roh zusammengehauene Stiege hoch, die vom Viehstall zu eurer Bodenkammer führte. Die Treppe, die vorher da war, hatte der Bauer herausgerissen und verlegt. Ihn störte es, daß ihr alten stillen Menschen über seine Wohndiele gingt. Ja, mir ist, als höre ich das Geräusch der eisernen Türklinke und den Ausruf: „Unser Tochterchen hat geschrieben!" Und dann war eure Stube von Freude erfüllt und dem Gefühl unserer Zusammengehörigkeit. Wie sagtest du doch, liebe Mutter, als ich euch nach dem Bombenangriff im brennenden Königsberg gesucht hatte und in Ratshof bei Verwandten fand: „Wir haben ja uns!"

Die gefährdete Zeit hatte uns besonders bewußt gemacht, wieviel der nahe vertraute Mensch im Leben bedeutet. Dieses Bewußtsein war auch später der Reichtum, aus dem wir lebten, vor dem manches andere unwichtig erscheinen mußte. Und darum gab es auch gute und frohe Stunden und Dankbarkeit für vieles im Leben.

Nun ist der Wacholder, den ich auf euer Grab pflanzte, schon so hoch und breit geworden. So lange ruht ihr schon auf diesem kleinen Dorffriedhof. Hier, und nicht auf dem alten Friedhof in Königsberg, wo eure Eltern begraben lagen. Ich weiß noch, wie wir am Totensonntag mit der Straßenbahn zu den Hufen fuhren. Dort, bei der Luisenkirche, lag der Friedhof. Vater trug die großen Tannenzweige zum Zudecken und wir Kinder kleinere. Kinder wollen ja immer in alles Tun der Erwachsenen einbezogen werden. Manchmal lag schon Schnee auf den Hügeln. Mit unseren Händen schaufelten wir ihn weg und legten die Tannenzweige darauf, ganz dicht. Das machen wir so, damit die Großeltern nicht frieren, dacht' ich als kleines Kind. Wenn dann der schöne, nur mit natürlichen Pflanzen und Zapfen geschmückte Kranz seinen Platz gefunden, standen wir eine Weile ganz still da. Wir Kinder wußten, jetzt denken die Eltern an ihre Eltern, und wir fühlten uns ein klein wenig ausgeschlossen. Da war soviel in ihrem Leben, das weit, weit vor unserem Leben gewesen war.

Der Besuch bei den Großeltern auf dem Friedhof bekam dann immer noch einen besonderen Abschluß. „Zum Aufwärmen", meinte Vater. Wir gingen zu Amende, der Konditorei gegenüber dem Tiergarten. Waren wir eingetreten und hatten die filzstoffschwere Portiere zur Seite geschoben, schlug uns warme Luft entgegen, leises Stimmengewirr und der Duft nach Kaffee und Konditorkuchen.

Mit großen Augen standen wir dann am Kuchenbufett, denn an dem Tag durften wir Kinder selbst den schönsten Kuchen aussuchen. Wie weit liegt das alles zurück. Wie warm wird mir bei der Erinnerung an die Zeit der Kindheit, an die Zeit im Frieden in der alten schönen, von der Geschichte geformten Stadt Königsberg. Wie schwer hat der unselige Krieg in das Leben der Menschen eingegriffen.

Ich bin jetzt schon mehrmals wieder in Königsberg gewesen, liebe Eltern. Die Stadt, die für uns verschlossen war und wie versunken erschien, läßt ihre Kinder wieder herein. Ich habe den alten Friedhof aufgesucht und glaubte, der Herzschlag setzt einen Moment aus. Dort, wo eure Eltern ruhen, drehte sich ein Hochrad. Die russischen Familien, die festtäglich gekleidet den Vergnügungspark aufsuchen, wissen nicht, daß sie über Gräber gehen. Die alten Friedhöfe, die an die früheren Bewohner der Stadt erinnerten, sind verschwunden. Aber die Pläne der alten Machthaber sind nicht aufgegangen. Auch dort gibt es Menschen, die sich dafür schämten, die nach denen zu fragen begannen, die einst dort lebten. Ein Zeichen des Gedenkens wurde gesetzt. Auf dem alten Luisenfriedhof, beim Hammerweg, der jetzt ein etwas verwilderter Park ist, wurde ein großes Holzkreuz errichtet. An ihm ist eine Tafel angebracht mit russischer und deutscher Aufschrift: „Hier wird ein Denkmal errichtet zu Ehren all derer, die in Königsberg, Kaliningrad begraben liegen. – Kulturgemeinschaft Eintracht". Davor liegt der Grundstein für das Gedenkmal. Als er gelegt wurde, nahmen Russen und Deutsche an der Feierstunde teil. Jeder hielt eine brennende Kerze in der Hand. Ein Licht der Versöhnung.

So still ist es bei euch, liebe Eltern. Rotleuchtend verglüht die Sonne am Winterhimmel. Wie oft sahen wir sie zusammen untergehen, damals, an den Sommerabenden an der Samlandküste. Die Töpfe mit dem braun gewordenen Heidekraut werde ich wegnehmen. Wie zu Hause werde ich ganz dicht eure Gräber mit den Tannenzweigen zudecken. In eurem Wacholder habe ich, ganz versteckt, ein kleines Vogelnest entdeckt. In der Stille eurer Nähe hat das Vögelchen im Sommer gebrütet. Auf eurem Grabmal hat es gesessen und gesungen. So kurz hintereinander seid ihr heimgegangen. So ist es manchmal bei Menschen, die sehr miteinander verbunden waren. Nun ruht ihr beide nebeneinander. Das ist auch nicht allen Heimatvertriebenen gegeben.

Noch einmal habe ich meine Schnitzeisen hervorgeholt und aus einer Eichensteele euer Grabmal gearbeitet. Ein Vogel, das Bild für die Seele, steigt mit ausgebreiteten Schwingen empor. Er schwebt in einem Sonnenkranz. Er erhebt sich zum Licht. – So schwer auch euer Lebensabend war, ich weiß, ich kann ganz ruhig sein. Ihr seid heimgekehrt in die große Heimat, in die ewige Heimat des Gottesreiches.

*Wiedersehen
und Begegnungen*

Kurische Nehrung

Erinnerung und Wiedersehen

Jahrzehntelang haben wir nicht gewußt, wie sich das Leben nach dem Krieg auf der Kurischen Nehrung abspielt. Im Land unserer Vorfahren, im Land unserer Kindheit, im Land unserer Sehnsucht. Standen noch die alten heimeligen Fischerhäuser? Gab es noch die Dörfer Sarkau, Rossitten, Pillkoppen, Nidden, Schwarzort? Wer bewohnte sie jetzt?

Nur spärlich drangen die Nachrichten von diesem Land hinter dem Eisernen Vorhang zu uns. Dieses Abgeschnittensein schien die räumliche Entfernung von Jahr zu Jahr weiter auszudehnen. Wir konnten eher nach Australien als in das Land unserer Kindheitstage.

Doch die Bilder der Erinnerung verblaßten nicht. Die Bilder wurden intensiver, sie begannen von innen zu leuchten. Hatten wir doch schon damals empfunden, daß dieses Land unter dem weiten Himmel einzigartig sei. Es hatte zu uns gesprochen, und mit allen Sinnen hatten wir es in uns aufgenommen. Wie lebendige Wirklichkeit stand es vor uns, das Land der Stille.

Land der Stille. Dünenkette, die sich in unendliche Weite fortsetzte. Immer weiter zog es den Wanderer in sie hinein, über große Dünentäler, über den Grat der steil zum Haff abfallenden Düne. Alle Unruhe des Lebensalltags versank vor dieser Landschaft wie am Schöpfungsmorgen. Man war in einen eigenartigen Zustand versetzt. Nur das Bewußtsein des eigenen Daseins und der Atem dieser großen unberührten Landschaft, nur dieses Jetzt, erfüllte das ganze Sein.

Helles Licht unter dem großen Himmelsbogen, entstanden aus der Luft über See und Haff und dem hellgelben Sandgeflimmer der Düne.

Nehrungswald der Kindheit. Kiefernstämme kupfergolden aufleuchtend in der Abendsonne. Blaubeergestrüpp, das sich weit über den Waldboden ausbreitete.

119

Hockend, mit dem roten Eimerchen, um sich herum die dunklen Beeren pflückend. Kaddiggestrüpp, stachelig, Tannenduft vom Waldboden aufsteigend. Waldduft, Sommerduft der Kindheit.

Und so stand es all die Jahre in der Erinnerung vor mir, das kleine Fischerdorf am Haffufer, umschlossen vom großen Bogen der Düne. Nicht mehr von ihr bedroht wie einst, da sie noch nicht gezähmt, noch nicht durch den unermüdlichen Fleiß der Menschen bepflanzt, so manches Nehrungsdorf mit ihrem wandernden Sandleib zugedeckt hatte. Wie heimelig lagen sie da, die dunkelbraunen strohgedeckten Fischerhäuser mit ihren Geräteschuppen, zu denen der Geruch nach altem Holz, der Fischgeruch der Netze und der Ruch der Räucherkaulen gehörte. Bis an die Gärten hatte sich der feine Sand gedrängt. Doch beim Staketenzaun mit den weißen Spitzen war ihm Einhalt geboten. Der Fleiß der Fischersleute hatte den Boden verbessert und ertragreich gemacht. Kartoffeln standen in ihrem dunklen Kraut. Es duftete nach Dill, der sich überall zwischen den Gemüsebeeten ausgesät hatte. Sommerbunte Blumenfülle triumphierte über die Kargheit des Bodens außerhalb des Gartens. Goldleuchtend hielten Sonnenblumen ihre Köpfe dem Licht entgegen. Wie ein gemalter Hintergrund für alle diese Sommerfarben stand der dunkle Holzton der Hauswand. Weiß und kurenblau waren die Fensterumrahmungen gestrichen. Über die Fischerhäuser mit ihren Schuppen und den zum Trocknen aufgehängten Netzen wanderte der Blick zum Haff. Eine Reihe Kurenkähne, Kahn hinter Kahn, zog wie in einer gebogenen Linie aufs Haff hinaus. Die Kurenwimpel mit ihren bunten Motiven, die den Booten den eigenwilligen Charakter gaben und immer wieder die Maler anregten, standen wie Silhouetten gegen den hellen Himmel. Die kleinen Stoffahnen am Ende flatterten im Wind. Bild der Erinnerung.

Solche Bilder, die zum Fischfang ausfahrenden oder am Ufer in Reihen liegenden Kurenkähne, gibt es heute nicht mehr. Von den später zu uns gekommenen alten Nehrrungsbewohnern haben wir die Nachricht, daß nach dem

So war es einst
(Kurenkähne
und Fischernetze)

Krieg die Fischerbrigaden der vom Asowschen Meer und Baikalsee gekommenen Fischer das Haff mit Motorbooten abfischten. Mit den Kurenkähnen, die dem Wetter und den Bedingungen des Haffes angepaßt waren, konnten sie nicht umgehen. Die Kurenkähne wurden an Land gezogen, trockneten aus und wurden bis auf wenige verheizt. Der Kurischen Nehrung war damit eine Besonderheit genommen, die aus jahrhundertealter Tradition der Nehrung gewachsen war.

*

Der Eiserne Vorhang hat sich gehoben. Wir können in das Land unserer Kindheit und Jugend reisen, das ersehnte Land wiedersehen. Kaum noch hatten wir daran geglaubt, dieses noch erleben zu können. Es war für uns, als sei aus dem Dunkel der Versunkenheit das Land wie eine Insel wieder emporgetaucht.

Drei Sommer haben wir nun schon den hellen Himmel der Kurischen Nehrung erlebt. Wir sind wieder durch den alten Nehrungswald in Schwarzort gegangen, mit seinem Kaddigstrauch und den Kupferkiefern. Würzig wie einst, nirgendwo nie wieder so geatmet, stieg der Duft des Waldbodens zu uns auf. Die Hohe Düne zog uns in ihre Weite hinein. In der Toten Düne leuchteten zwischen dem Trockengras die gelben Köpfchen der Immortellen. Bei unserer Wanderung nach Alt-Negeln lief am Haff die frische Elchspur neben unserem Weg her. Doch er, der Elch, dem wir so gerne mit seinen großen Elchschaufeln und dunklem Blick, wie aus dunklen Gründen längst vergangener Zeit, begegnet wären, hielt sich im hohen Weidengebüsch verborgen.

Viel hat sich in den Dörfern in den fast fünfzig Jahren verändert. Die Sowjetherrschaft hat ihre Spuren hinterlassen. Doch finden wir im heute litauischen Teil der Kurischen Nehrung, mehr als wir zu hoffen wagten, noch manches Zeugnis der alten Bewohner der Nehrung.

Noch stehen vereinzelt die alten Grabmale mit ihren

seltsamen Formen auf dem alten Friedhof bei der Kirche in Nidden. Im heidnischen Aberglauben verwurzelt ist die stilisierte Krötenform der Grabmale, die den Verstorbenen vor Unheil durch Kröten bewahren sollte. In den Kurischen Sagen wird viel von der unheilbringenden Macht der Kröten berichtet. Davor sollte der Tote geschützt sein. Doch oftmals ist gleichzeitig das christliche Kreuz auf die Form gesetzt. Sollte es eine doppelte Vergewisserung des Schutzes sein? Oder lebte bei den Nehrungern Aberglaube und Christenglaube, beides miteinander verknüpft? In einer Ecke des Friedhofes mit seinen alten Bäumen ist eine ganze Ansammlung solcher alter Grabmale aufgestellt. Neben der Krötenform sind vielfach Blumen- und Vogelmotive zu finden, früher farbig bemalt. Zwei litauische Künstler sollen sich besonders für den Erhalt dieser für die Kurische Nehrung so typischen alten Grabmale eingesetzt und sie bewahrt haben.

Wiedersehen mit der alten Fischerstraße. Fast wie in alter Zeit reihen sich die kleinen Holzhäuser. Von ihren heutigen Bewohnern, meist Litauern, sind sie gut instand gehalten. Manche Häuser tragen noch die schön verzierten Giebelbretter, und der Giebel hat als Bekrönung gekreuzte Pferdeköpfe, Vögel oder ornamentale Zeichen der kurischen Volkskunst. In den bunten Gärten leuchten Cosmea, Ringelblume und Flox. Ein Kind, so ein kleiner Blondkopf mit wasserhellen Augen, kommt an den Zaun gelaufen, lacht uns an und winkt uns zu.

Die Straße führt zum Haff hin. Hier lagen einst die Kurenkähne, plätscherte das Wasser an ihren Bug, drehten sich die bunten Wimpel im Wind. In silberheller Weite liegt das Haff vor uns. Der pastellfarbene Himmel gibt seine unterschiedlichen Blau- und Grautöne an den Wasserspiegel weiter. Ockerhell leuchtet der Bogen der Hohen Düne, der bis zum Grabszter Haken hin wie mit einem Arm das Haff von einer Seite umschließt. Und da gewahren wir etwas, das uns wie ein kleines Wunder erscheinen will. Wie im Traumbild langer Jahre zieht ein Kurenkahn mit aufgestelltem großem Sprietsegel seine ruhige Bahn über das stille Wasser des pastellfarbenen Haffes. Die Ruhe und Schönheit dieses Bildes erfüllt die Seele wie eine feinklingende Musik. Wem haben wir dieses Erlebnis zu danken? Woher kommt der Kurenkahn, der dort auf dem Haff seine Bahn zieht wie in alter Zeit? Damit diese alte Tradition am Kurischen Haff nicht verloren geht, hat der in Nidden lebende Maler und Bildhauer Eduardas Jonushas mit viel persönlichem Einsatz und Opfer den Kurenkahn originalgetreu nachgebaut. Als der Kahn am anderen Tag am Ufer angelegt hat, können wir ihn näher in Augenschein nehmen. Seine Größe ist beachtlich. Schwer und stark sind die Holzplanken. Die Bootswand ist in Kraweeltechnik ausgeführt. Die Spanten sitzen aufeinander. Dem schweren Kahn gibt die geschwungene Linie des hochgezogenen Bugs sein besonderes Aussehen. Der Kurenwimpel hat sich in Windrichtung gedreht. In seinem Schnitzwerk ist der Elch zu sehen, das Symboltier der Nehrung.

In Preil in den dreißiger Jahren

Wandernde Düne

Wir Kinder der Zeit
deren Narben erinnern
staunend stehn wir
daß wieder dies sein kann
am Rande der Kurischen Düne
am Anfang unendlicher Weite.

Unsere Sehnsucht
Jahrzehnte verwahrt
zieht mächtig
ins Dünengelände hinein.

Wandernde Wolken
Lichtwunderschatten
Bogen und Grat und
die Senke im Licht.
Einsame Spur
hier trabte der Elch
trug sein Geweih
durch den Wind.
Haffwellenglanz
von der Düne umarmt.

Wandernde Düne
Wandernde wir.

Hohe Düne

Begegnung mit dem Maler
und Bildhauer Eduardas Jonushas

Lange Jahre schon, erzählt uns Eduardas Jonushas, als wir ihn besuchen, habe er den Plan gehabt, den Kurenkahn zu bauen. Etwas sollte für die Nachwelt aus der Zeit erhalten bleiben, als die alten Nehrunger diesen Landstrich zwischen See und Haff bewohnten, durch den Fischfang ihren Broterwerb fanden und Schiff, Haus und Gerät den Bedürfnissen und ihrem Lebensgefühl entsprechend gestalteten.

An der Außenwand des kleinen Hauses, in dem wir ihn besuchen, ist ein großes geschnitztes Relief angebracht. Ein Männerkopf mit einem von Wind, Wetter und vom schweren Leben geprägten Gesicht. Hiermit wollte Eduardas Jonushas dem alten Kuren ein Denkmal setzen. Zeitlos ist es, wie diese Landschaft.

Unverkennbar weist dieser Kopf Ähnlichkeit mit dem Künstler auf. Erscheint er uns nicht selbst wie der alte Kure? Hier, in diesem Landstrich unter dem hohen Himmel, hat er sein Zuhause gefunden, hat die Stimme dieses Landes in sich aufgenommen und läßt sie durch seine Kunst zu uns sprechen.

Da sind seine Bilder. Über den Dünenzug trabt der Elch, eine Spur durch die Einsamkeit und Weite der Dünenlandschaft ziehend. – Die Wanderdüne hat Dorf und Kirche schon fast begraben. Von Haus zu Haus sind die Wegspuren deutlich, welche die vielen Füße auf dem Weg zum Nachbarn ausgetreten haben. Zeichen der Verbindung zwischen den Bewohnern, Zeichen der Anteilnahme.

„Noabersche, Noabersche, kommst?" – Ein alter Fischer sitzt vor dem Geräteschuppen auf der Bank und ist dabei, Netze zu flicken. Von seiner Schulter her sieht ein dunkler Vogel ihm dabei zu. – In hellem Holzrahmen das Bild von drei Kurenkähnen auf nachtdunklem Wasser. Ihre Segel fangen das erste glühende Frührot auf, das sich am Horizont zeigt.

Neben der Türe hängt ein Bild, das in seiner rätselhaften Mystik immer wieder den Blick anzieht. Wie die untergehende Sonne manchmal eine rotgoldene Brücke über das Wasser legt, ist hier noch einmal vom Rund der Sonne ausgehend ein Querbalken aus rotem Licht gelegt. Wie aus dem Wassergrund hervorschimmernd, ist ein Vogel mit ausgebreiteten Schwingen zu sehen, von vier großen Nägeln gehalten. Im Vordergrund sitzt eine Menschengestalt. Aus einer Hand rinnt, wie aus einer Zeitenuhr, der Sand, die andere hält einen Nagel in einer Gebärde, die der fragende Ausdruck im Gesicht des Menschen verstärkt.

Unserm fragenden Blick gibt der Künstler Antwort. „Das Leiden des Menschen. Das Leiden meines Volkes. Wohin wird der fünfte Nagel kommen und vollendet das Zeichen des Pentagramm, das Zeichen für den Menschen. Was muß mein Volk noch leiden? Trifft der fünfte Nagel ins Herz?"

Ja, die Zukunft dieses Landes ist noch nicht gesichert. Dankbar erinnern wir uns, daß die Litauer nach dem Krieg, in eigener Notzeit, den hungernden Frauen und Kindern aus dem Königsberger Gebiet, die in ihrem Elend hilfesuchend zu ihnen kamen, Obdach und Brot gaben. So mancher verdankt dieser Hilfe sein Leben. Wir erfahren etwas von dem Leben Eduardas Jonushas. Es ist ein Kriegsschicksal unserer Generation. Den Vater und drei jüngere Brüder verlor er durch die Schrecken des Krieges. Er war noch ein Junge, als er auf der Flucht von der Mutter mit dem kleinsten Geschwisterchen, einem Säugling, getrennt wurde. Mit anderen zu einem Transport gesammelt merkte er, daß es nach Rußland gehen sollte, und sprang in Wilna aus dem Zug. Lange irrte der dreizehnjährige Junge umher und suchte die Mutter, bis er sie letztendlich wiederfand. Doch mußte später auch er, wie manche Litauer, das schwere Leben in einem sowjetischen Lager in Sibirien erfahren.

Schwere Erlebnisse finden nicht einfach ein Vergessen. Sie sind zu einem Stück des Lebens geworden und prägen

Denken und Empfindung. So sind diese Erlebnisse auch in seinen ausdrucksstarken Bildern zu finden, die wir in seinem Atelier sehen konnten

Mit dem Rücken zum Betrachter steht ein Gefangener in seiner fast durchsichtigen Gestalt, die Hunger und Entbehrung ausdrückt, mit einer Geige in der Hand. Vor ihm schauen viele Mitgefangene mit den großen Augen Hungernder zu dem Spieler auf. Angedeutet ranken sich um ihre Köpfe Rosen, die aus dem Dornenkranz erblühten. Ein Ausdruck ihrer Empfindung, die die Musik ihnen schenkte. Speise für die Seele. Das Bild mit dem Titel „Es geht immer vorwärts" prangert den Kommunismus an. Die Menschen werden durch einen Tunnel getrieben. Die Türen zu beiden Seiten sind verschlossen. Es gibt keinen Ausweg. Es geht auf das dunkle Loch zu, von Männern mit Lanzen weitergetrieben.

Auch die großen Themen der Jetztzeit, die alle betreffen, sind dargestellt. Die Gefahr der Atommacht, die Gefährdung und Zerstörung der Natur. „Das Testament" heißt das Bild mit der Frage an uns, was wir unseren Kindern vermachen.

Bezeichnend für unsere Zeit „Der leere Thron". Es ist kein König, kein Gott, kein Halt. Die Menschen gehen im Kreis. Aus dem Kosmos schauen Augen auf die sich im Kreis bewegenden Menschen. Manches in seinen Werken erinnert in der Themenwahl und Deutlichkeit an A. Paul Weber. Doch sind beide Künstler ganz individuelle Persönlichkeiten in ihrem Kunstschaffen.

Wir sind in Eduardas Jonushas einem bedeutenden Künstler unserer Tage begegnet, der die Zeichen der Zeit erkennt und darstellt. Desto mehr bewegt es uns, daß dieser Künstler sich mit warmem Herzen der Bewahrung der Kulturwerte der Kurischen Nehrung annimmt, den Kurenkahn baute, Kurenwimpel schnitzte und jetzt alles sammelt, was mit den Bewohnern der Nehrung zusammenhängt. Er ist dabei, ein Museum zu bauen.

Vor einem Jahr sahen wir auf seinem Grundstück die beiden Gedenkmale für die alten Bewohner von Rossitten

*Kurenkahn – originalgetreu nachgebaut von dem Künstler
Eduardas Jonushas*

und Pillkoppen stehen, die inzwischen dort aufgestellt sind.

Wir sind berührt von der Begegnung mit diesem Künstler, diesem Menschen, der sich für die versöhnende Kraft unter den Menschen einsetzt.

In Königsberg

Am Gartenzaun

Oktobergold des Ahorns und dunstige Herbstluft legen über die so veränderte Stadt unserer Vergangenheit eine eigenartige Stimmung. Sie ist wie leise Trauer, die zu den Empfindungen unseres Wiedersehens paßt, und sie ist zugleich von einer beschenkenden stillen Freude, die der Anblick der flammenden Schönheit der alten Bäume verbreitet, die oftmals noch aus der Zeit herstammen, da wir in dieser Stadt unserer Kindheit und Jugend lebten.

Der Ruch nach Erde und Laub, Herbstgeruch, strömt von dem verwilderten Gartengrundstück zu uns her, das einst zum Besitz von Agnes Miegels Großeltern gehörte und auf das sie einst von ihrem Fenster in der Hornstraße sehen konnte.

Und wir stehen mit dem Rücken zu diesem Grundstück und schauen auf das Haus, in dem sie wohnte und von dem aus sie als alter Mensch den Weg in die Fremde antreten mußte. Noch einmal hatte sie, ehe sie fortging, Abschied von der so schwer verwundeten Stadt genommen, von der Kneiphofinsel mit dem zerstörten Dom, den sie in ihren Werken als zutiefst mit ihrem Leben verbunden beschrieben hatte, den sie „Mein Dom" nannte.

Wie vielen Menschen, die wie sie in der Fremde das Gefühl hatten, aus ihrer Verwurzelung herausgerissen zu sein, konnte sie mit ihrem Werk erinnernde Geborgenheit schenken. Stammt doch von ihr das schöne Wort vom „Schutzengel Erinnerung".

Und wundersam berührt erleben wir in diesen Tagen, daß ihr Werk und ihre tiefe Menschlichkeit, die alles Leben achtete, allem Leben gut war und sich immer für das Leben entschied, auch zu den heute in Königsberg lebenden Menschen spricht.

O Agnes Miegel, erfährt die Seele in den Weiten des Ewigen Raumes eine Ahnung, daß Deine Worte hier wieder eine Heimstatt finden? Daß wir hier, nach jahrzehntelanger Abwesenheit, in Deiner Vaterstadt, mit vielen russischen Menschen Deiner gedenken und eine Gedenktafel für Dein Leben und Werk an Deinem Haus enthüllen? –

Ein besonderes Aufhorchen ist spürbar, als nach den Reden verschiedener Vertreter der Stadt und der Kulturgemeinschaften nun die Vorsitzende der Agnes-Miegel-Gesellschaft Worte aus dem Gedicht von Agnes Miegel „Am Gartenzaun" spricht und ihrer Ansprache zugrundelegt:

„Nahwersche, Nahwersche, / Komm an den Zaun! / Wo bleibst Du? / ... / Meine Jungchen und Deine, / Nahwersch Kinder, / Haben sich geschlagen. / Meine schönen Jungchen, / Deine jungen Söhne, / Schlafen im Acker. / Pflug geht darüber, / Saat tropft und Regen, / Neigen sich die Ähren / Flüsternd in ihren Schlummer! / In der grünen Ebene / Zwischen Weichsel und Wolga . / ... / Komm an den Zaun!"

„Und heute stehen wir an dem von Agnes Miegel beschworenen Zaun!" wird die Ansprache weiter ausgeführt. Agnes Miegels Stimme sei nicht ungehört verhallt. Nach den furchtbaren Geschehnissen und schrecklichen Irrtümern, durch die unsere Völker gegangen sind, stehen wir miteinander am Gartenzaun.

Und ein Dank wird an die vielen Bürger dieser Stadt ausgesprochen, die die Dichterin an diesem Gartenzaun willkommen heißen.

Eine junge Frau ist vor die nun enthüllte Bronzetafel mit dem Bildnis Agnes Miegels getreten. Ihre Worte trägt der Herbstwind zu uns her. Es sind russische Worte, doch wir können Rhythmus und Klang aufnehmen, spüren Verinnerlichung von Dichterworten. Die russische Lyrikerin Apollinaria Sujewa hat ihr Gedicht „Rückkehr" genannt und es der geistigen Rückkehr Agnes Miegels gewidmet. Wie die goldenen Herbstblätter sich beim leisen Niedersinken als Bild in unsere Seele legen, so nehmen wir diese Worte, die nun in der Übersetzung in unserer Muttersprache zu uns herüberklingen, in uns auf.

„... / Die Hörner erklingen in unsichtbarer Himmelshöhe. / Der Kreis schließt sich. Die Rückkehr ist beendet,

/ die vor vielen Jahren begann. / Lautlos wird das Siegel von der Tür fallen. / . . . / Ich komme hierher, um zu schweigen. / Oktoberseufzer, Ahornruf: „Agnes . . . "/ Der bittere und traurige Engel deiner Poesie / wird leicht meine Schulter berühren. / . . . / Die Nachricht ist abgeschickt . . . / Und der Empfänger öffnet das Buch."

Wir lauschen den letzten Worten nach. Sind nicht wir hier zum Empfänger einer Botschaft geworden? Der Botschaft, daß da, wo Menschen sich gegenseitig achtend bereit sind, offen füreinander zu sein, echte Begegnung geschehen kann.

Es war Agnes Miegel, die hier mit ihrem Werk eine Brücke baute, über die wir, Menschen beider Völker, aufeinander zugegangen sind.

Wiedersehen
mit Königsberg

Über den Gräbern
ein Spielplatz.
Über dem Haus
grünt der Rasen.
Nicht finden konnt' ich
die Straße der Kindheit.

Aber da war eine Spur
eine schmale
die bin ich gegangen.
Eine Türe war offen.

Und wir lernten die Namen.
Wir legten die Hand
auf die Narben.
Leise sag ich „Nadeshda
dein Leben, dein schweres . . ."

Brücke der Begegnung

Das ist das Erlebnis dieser Tage. Wir haben Begegnungen mit Menschen dieser Stadt gehabt, die offen und ohne Vorbehalte auf uns zukamen. Es entstehen Verbindungen und Freundschaften. Die Stadt fängt an, auf eine neue Weise für uns zu leben.

Begegnungen sind Geschenke des Lebens. Das empfanden wir einst ähnlich stark, als wir nach dem Inferno des Krieges, dankbar dafür, am Leben geblieben zu sein, doch abgeschnitten von den alten Fäden des vertrauten Lebenskreises, uns tastend und suchend auf neuen Wegen bewegten. Und da gab es unvorhergesehene Begegnungen, Sternstunden zwischen den Menschen.

Wer bist du? Was denkst du? Offen und staunend gingen wir aufeinander zu, auf dem neuen Weg.

Und ähnlich ist es mit den Begegnungen im heutigen Königsberg. Es ist ein besonderes Aufeinanderzugehen, auf einem neuen Weg. Es gibt nur den neuen Weg. Es gibt nur das Suchen nach einem neuen Weg.

Wir möchten uns näher kennenlernen, voneinander mehr erfahren. Mehrfach werden wir eingeladen. Von Frau Ludmilla zu einem Abendessen und Hauskonzert. Wir erleben die russische Gastfreundschaft und die große Liebe zur Musik und die zu bewundernde Lebensfreude, trotz der heute so schweren Situation in Königsberg. Und wir sind Gast im Haus der russischen Lyrikerin und lernen ihre Familie und die lieben Kinder kennen.

Sie spielt und singt uns ein Gedicht von Hermann Hesse vor, das sie übersetzt und vertont hat.

Ich halte das Buch mit Erzählungen und Gedichten „So war der Frühling in meiner Stadt" von Tamara Ehlert in der Hand. Apollinaria Sujewa hat es ins Russische übersetzt und einen Begleittext dazu geschrieben. Wie ist sie dem Dichterwort in seiner tieferen Bedeutung nachgegangen. Ein seltenes Geschenk für einen Schriftsteller, wenn so die Tiefe der Sprache heraufgeholt wird, durch den Echoklang einer verwandten Seele.

Und was jeden Menschen, der das alte Ostpreußen liebt, besonders berührt, ist ebenso der Echoklang der Empfindung dieser Landschaft, in die wir und sie hineingeboren wurden.

„Nur ein Mensch, der sich von Kindheit an in die raschelnden Märchen Rauschens hineingehört hat – von Kindheit an verzaubert durch die sonnige Melodie von Swetlogorsk (Rauschen) – kann das Leuchten der Lupinenfelder im goldiggrünen Widerschein des Bernstein erblicken", schreibt Apollinaria Sujewa zu der Erzählung „Das Stück Bernstein".

Und weil sie dieses Land liebt, versteht sie auch unseren Schmerz um das Land unserer Väter, das wir verlassen mußten. Ja, mehr, als wir es oftmals bei uns im Westen erfahren.

„Ich verstehe es wohl besonders", sagt sie uns, „weil es in unserer Familie ein ähnliches Schicksal gab." Wir erfahren, daß ihre Großeltern aus wohlhabender adliger Familie sich aus Idealismus für die Revolution einsetzten und ihren Besitz freiwillig übereigneten. Doch in den Wirren der Geschehnisse mußte der Mann sein Leben lassen. Die Frau wurde gezwungen, innerhalb weniger Stunden, ohne Gepäck, mit ihren beiden Kindern ihren Heimatort zu verlassen.

Und weil Apollinaria das Schicksal und das Leid dieses von ihr geliebten Menschen, ihrer Großmutter, in sich aufgenommen hat, der Großmutter, der sie viele bedeutsame und prägende Kindheitserlebnisse verdankt, kann sie auch die Menschen mit ähnlichem Schicksal besonders gut verstehen.

Ich las mein Gedicht „Wiedersehen mit Königsberg". „Über den Gräbern ein Spielplatz / Über dem Haus grünt der Rasen / Nicht finden konnt ich die Straße der Kindheit / Aber da war eine Spur / eine schmale . . .", und werde aus dem Kreis der Anwesenden gefragt: „Und doch zieht es Sie immer wieder nach Königsberg?"

Und Apollinaria ist es, die die Antwort weiß:

„Es ist die Seele der Stadt!"

Mit ihrem großen Einfühlungsvermögen in die Sprache und die dichterische Aussage übersetzte sie einige meiner Gedichte. Zum Abschied überreicht sie mir eine große weiße Vogelfeder mit eingefügter Schreibmine. Sie fand die Feder an der Küste der Kurischen Nehrung. Ein wilder Schwan, der, aus den Weiten des Himmels kommend, sich am Strand niedergelassen hatte, verlor sie. Mit dieser Feder schreibe ich:

> Über die „Brücke Verstehen"
> können Vertrauen und Hoffnung gehen
> auf Frieden und eine bessere Welt.

In Königsberg
am Schloßteich – heute

Die Frau mit dem roten Tuch
hat die Stille gesucht
und den Ruch von Herbstlaub
und dunstigem Teich.

Sie ist der Enge entflohn
und dem Druck und der Last
der heutigen Stadt.

Auf altem Baumstumpf
der erdtief verwurzelt
wie alte Geschichte der Stadt –
nahe am Wasser sitzt sie
und sinnt.

Unter dem Herbstgold
des Ahorns
atmet ins Heute
vergangene Zeit.

Frau am
Schloßteich

Inhalt

Regionalia im HUSUM TASCHEN BUCH

Anekdoten aus Baden-Württemberg · aus Bayern · aus Berlin · aus Brandenburg · aus Hamburg · aus Hessen · aus Mecklenburg-Vorpommern · aus Niedersachsen · aus Ostpreußen · aus Pommern · aus Sachsen · aus Sachsen-Anhalt · aus Schlesien · aus Schleswig-Holstein 1 · aus Schleswig-Holstein 2 · aus Thüringen · vom Militär – **Entdecken und erleben (Reiseführer):** Mecklenburg-Vorpommerns Kunst · Niedersachsens Kunst · Niedersachsens Literatur · Ostpreußens Literatur · Schleswig-Holsteins Geschichte · Schleswig-Holsteins Kunst · Schleswig-Holsteins Literatur – **Im Gedicht:** Berlin · Niedersachsen · Schleswig-Holstein – **Humor** aus Schlesien – Schlesische **Kinderreime – Kinder- und Jugendspiele** aus Schleswig-Holstein 1 · aus Schleswig-Holstein 2 · aus Schleswig-Holstein 3 · aus Westfalen – **Kindheitserinnerungen** aus Berlin · aus Hamburg · aus Köln · vom Niederrhein · aus Oberschlesien · aus Ostpreußen · aus Pommern · aus Sachsen · aus Schlesien · aus Schleswig-Holstein · aus Westfalen – **Komponisten** aus Schleswig-Holstein – **Krippengeschichten** aus Deutschland – **Legenden** der kanadischen Indianer · aus Westfalen – **Lügengeschichten** aus Schleswig-Holstein – **Märchen** aus Baden-Württemberg · aus Mecklenburg · aus Niedersachsen · aus Schleswig-Holstein · aus Westfalen – **Redensarten** aus Hessen – **Aus dem Sagenschatz** der Brandenburger und Schlesier · der Franken · der Hessen · der Niedersachsen und Westfalen · der Österreicher · der Ostpreußen und Pommern · der Sachsen · der Schleswig-Holsteiner und Mecklenburger · der Schwaben · der Thüringer – **Volkssagen** aus Niedersachsen – **Sagen** aus Baden-Württemberg · aus Franken · aus Hamburg · aus Mecklenburg · aus Sachsen · aus Schlesien · aus Schleswig-Holstein · aus Südtirol · aus Westfalen – **Schulerinnerungen** aus Franken · aus Hamburg · aus Mecklenburg · aus Niedersachsen · aus Ostpreußen · aus Schleswig-Holstein – **Schwänke** aus Bayern · aus Franken · aus Niedersachsen · aus Schleswig-Holstein · aus Schwaben · aus Westfalen – **Sprichwörter** aus Hessen – **Sprichwörter und Redensarten** aus Mecklenburg · aus Schleswig-Holstein – **Plattdeutsche Sprichwörter** aus Niedersachsen – **Weihnachtsgeschichten** aus Baden · aus Bayern · aus Berlin · aus Brandenburg · aus Bremen · aus Franken · aus Hamburg · aus Hessen · aus Köln · aus Mecklenburg · aus München · vom Niederrhein · Niedersachsen · aus Oberschlesien · aus Ostpreußen · aus Pommern · aus dem Rheinland und der Pfalz · aus Sachsen · aus Sachsen-Anhalt · aus Schlesien · aus Schleswig-Holstein 1 · aus Schleswig-Holstein 2 · aus Schwaben · aus dem Sudetenland · aus Thüringen · aus Westfalen · aus Württemberg – **Weihnachtsmärchen und Weihnachtssagen** aus Schleswig-Holstein – **Witze** aus Hamburg · aus Mecklenburg · aus Ostpreußen · aus Pommern · aus Sachsen · aus Schleswig-Holstein

HUSUM HUSUM DRUCK-
UND VERLAGSGESELLSCHAFT
Postfach 1480 · D-25804 Husum